Gewidmet den Menschen,
die sich im Sennestädter Jochen-Klepper-Haus treffen

Reinhard Ellsel

Gott hält sich nicht verborgen

Predigten zu Liedern
von Jochen Klepper

Luther-Verlag

Die Deutsche Bibliothek – CIP-Einheitsaufnahme

Ellsel, Reinhard:
Gott hält sich nicht verborgen : Predigten zu Liedern von Jochen
Klepper / Reinhard Ellsel. – Bielefeld : Luther-Verl., 2001
ISBN 3-7858-0441-5

Umwelthinweis:
Dieses Buch wurde auf chlorfrei gebleichtem Papier gedruckt.

2. Auflage 2002
© Luther-Verlag, Bielefeld 2001

Bildnachweis: Heinz Grosch, S. 116
Umschlaggestaltung: Media-Team k + p
Titelbild: Erwin Johann Wodicka
Druck und Bindung: ROSCH-Buch, Scheßlitz
Printed in Germany

Inhalt

Zu diesem Buch

Nach dem Erscheinen des noch jungen Evangelischen Gesangbuches (EG), das in allen beteiligten Landeskirchen überraschend schnell eingeführt und angenommen wurde, gibt es in zahlreichen Publikationen Liedinterpretationen für die Gemeindepraxis, die den Zugang zum großen Schatz der Lieder und Choräle erleichtern. Ausgesprochene Liedpredigten erfreuen sich in den Gottesdiensten wachsender Beliebtheit, nicht nur weil sie die Entstehung und Bedeutung der Gesangbuchlieder erläutern, sondern auch weil der Gegenstand ihrer Betrachtung dichterischen und musikalischen Charakter hat. Poesie und Melodie sprechen das menschliche Herz und Gemüt in besonderer Weise an, in altbekannten Chorälen ebenso wie in zeitgenössischen Liedern und Gesängen, wenn wir sie uns vertraut machen. Der in Gedicht und Musik gebrachte Lobpreis Gottes, der durch die Jahrhunderte hindurch Menschen tröstet und ermutigt, zählt zu den schönsten und wichtigsten Werken der Christenheit, die bis in unseren persönlichen Tages- und Lebenskreis hinein ausstrahlen.

Eine Besonderheit des vorliegenden neuen Bandes liegt darin, dass es hier nicht um ausgewählte Liedtexte verschiedener Autoren und Zeiten geht, sondern um *einen* Liederdichter und alle seine zwölf Lieder im Stammteil des Gesangbuchs, nämlich um Jochen Klepper (1903–1942), dessen Leben im „Dritten Reich" so tragisch endete und der als Zeichen seines Glaubenszeugnisses in schwerer Zeit in seinem Lyrikband „Kyrie" so eindrücklich an der Bibel orientierte Gedichte und Lieder hinterließ. Wie sehr manche Texte in den Gemeinden seither an Bedeutung gewannen, zeigt allein schon die Tatsache, dass im Vergleich mit dem Evangelischen Kirchengesangbuch von 1950, in dessen Stammteil drei Klepperlieder standen, jetzt im Evangelischen Gesangbuch von 1993 das Vierfache an Klepper-liedern Aufnahme gefunden hat.

Reinhard Ellsel, Gemeindepfarrer in Bielefeld-Sennestadt, hat von 1997–2000 in den Sennestädter Kirchen über die zwölf Klepperlieder zu unterschiedlichen Anlässen gepredigt. So finden sich in diesem Band eine Predigt am Heiligmorgen 2000 über EG 50: „Du Kind, zu dieser heilgen Zeit", zur Goldenen Hochzeit über EG 239: „Freuet euch im Herren allewege!" und zum Ewigkeitssonntag über EG 532: „Nun sich das Herz von allem löste". Die Predigten wurden dabei durch das gemeindliche Singen der ausgelegten Liedstrophen aufgelockert. Für den Predigthörer ergab sich daneben die Möglichkeit, die Texte, über die gepredigt wurde, im Gesangbuch zu verfolgen. Dem Prediger war wichtig: „Immer ging es mir in Predigt und Vortrag über Leben und Werk von Jochen Klepper um die ‚real existierende' Gemeinde. Sie wollte ich erreichen und in ihrem Glaubensleben stärken."

Der Auslöser für die Predigtreihe war, dass ein Gemeindehaus in Sennestadt 1997 den Namen „Jochen-Klepper-Haus" erhielt.

Die innere Motivation für die Liedpredigten bestand in der Entdeckung, dass Jochen Klepper mit Worten der Bibel dichtet; mit Worten, die ihm nach seinen Tagebüchern selbst existentiell wichtig und zu Trost geworden sind. Und in dem Bewusstsein, dass manche der Texte und Lieder von Jochen Klepper vielen Christinnen und Christen noch unvertraut sind. Das Buch möchte nun auch die noch nicht entdeckten Liedschätze Kleppers heben und ans Herz legen. So schreibt der Verfasser: „Beispielsweise bei der Predigt zu EG 50: ‚Du Kind, zu dieser heilgen Zeit' habe ich mich immer wieder gefragt, ob ich denn diesen total unbekannten Liedtext als Grundlage für eine Predigt am Heiligmorgen nehmen könne. Aber ich habe die beglü-

ckende Erfahrung gemacht: Die Sache ging nicht an den
Köpfen und Herzen der Hörerinnen und Hörer vorbei!"
Wenn es die Wichtigkeit der Botschaft erfordert oder das
Kennenlernen eines poetischen Bekenntnisses lohnt, dann
darf die Kirche uns auch etwas zumuten.

Es ist begrüßenswert und ergänzt die einschlägige Literatur
der Liedpredigten auf interessante Weise, dass nun Reinhard Ellsels Auslegungen aller zwölf Klepperlieder im
Stammteil des Gesangbuches einer größeren Öffentlichkeit
vorgestellt werden. Der lebendige Atem des gesprochenen
Wortes, praktische Beispiele aus dem heutigen Alltag, die
eigene emotionale Beteiligung des Autors, aber auch die
kenntnisreiche Skizzierung der Biographie von Jochen
Klepper und der Entstehung seiner Lieder – das alles zusammen führt uns hinein in eine packende Begegnung mit
dem Geheimnis des christlichen Glaubens, das von den
Dichtungen Jochen Kleppers ausgeht und unser eigenes
Leben bereichert. Szenen der damaligen Zeitgeschichte und
Zitate aus Kleppers Tagebüchern wechseln ab mit Erfahrungen und Erkenntnissen von heute und machen bei aller
Unterschiedlichkeit der Zeitsituationen deutlich: Gott hält
sich nicht verborgen.

Ich freue mich, dass es diesen neuen Beitrag zur Liederkunde über Jochen Klepper gibt und wünsche dem Buch,
dessen Autor u. a. bereits mit einer engagierten Auslegung
der Bergpredigt (Wie das Leben gelingt, Lahr 1999) her-
vorgetreten ist, einen gesegneten Dienst an vielen Leserinnen und Lesern. Schwestern und Brüder im Predigtamt
werden daraus vielleicht manche Anregung für die eigene
Arbeit am und mit dem Kirchenlied gewinnen.

Detlev Block

Alle Grenzen meiner Tage
biege, Gott, in Deinen Kreis,
daß ich nur noch Worte sage,
die ich von Dir kommen weiß!

Jochen Klepper

Alle Sehnsucht meiner Träume
weise ein in Deinen Plan,
daß ich nicht Dein Ziel versäume,
mich verliere an den Wahn.

Alle Ängste meiner Nächte
hebe auf in Deine Nacht.
Was kein Mensch sonst fertigbrächte:
Du hast es am Kreuz vollbracht.

Allen Eifer meiner Hände
lenke, Herr, auf Deine Bahn,
daß ich andrer Not so wende,
wie mir Deine Hand getan.

Reinhard Ellsel

Die Nacht ist vorgedrungen

EG 16 – Advent

Die Nacht ist vorgedrungen,
    der Tag ist nicht mehr fern.
So sei nun Lob gesungen
    dem hellen Morgenstern!
Auch wer zur Nacht geweinet,
    der stimme froh mit ein.
Der Morgenstern bescheinet
    auch deine Angst und Pein.

Dem alle Engel dienen,
    wird nun ein Kind und Knecht.
Gott selber ist erschienen
    zur Sühne für sein Recht.
Wer schuldig ist auf Erden,
    verhüll nicht mehr sein Haupt.
Er soll errettet werden,
    wenn er dem Kinde glaubt.

Die Nacht ist schon im Schwinden,
    macht euch zum Stalle auf!
Ihr sollt das Heil dort finden,
    das aller Zeiten Lauf
von Anfang an verkündet,
    seit eure Schuld geschah.
Nun hat sich euch verbündet,
    den Gott selbst ausersah.

Noch manche Nacht wird fallen
auf Menschenleid und -schuld.
Doch wandert nun mit allen
der Stern der Gotteshuld.
Beglänzt von seinem Lichte,
hält euch kein Dunkel mehr,
von Gottes Angesichte
kam euch die Rettung her.

Gott will im Dunkel wohnen
und hat es doch erhellt.
Als wollte er belohnen,
so richtet er die Welt.
Der sich den Erdkreis baute,
der läßt den Sünder nicht.
Wer hier dem Sohn vertraute,
kommt dort aus dem Gericht.

Am Nachmittag des 18. Dezember 1937 hat Jochen Klepper das Adventslied *„Die Nacht ist vorgedrungen"* gedichtet. Die fünf Strophen, die Klepper am Vortag zum 4. Advent aufschrieb, haben längst Eingang in unsere Gesangbücher gefunden. Versehen mit der Melodie von Johannes Petzold ist das Gedicht zu einem der beliebtesten Adventslieder geworden.

Viele schätzen an diesem Lied besonders die tröstende Kraft und den theologischen Tiefgang – abseits von aller Glühwein-Romantik und sonstigem Weihnachts-Tingeltangel. Die Adventszeit ist die Zeit der Vorbereitung auf das Kommen Gottes in diese Welt. Es geht darum, dass wir uns neu auf die befreiende Wirklichkeit Gottes ausrichten – und nicht um eine verworrene Gefühlsduselei, von der man nur schwermütig wird. Die Klarheit von *„Die Nacht ist* *vorgedrungen"* tut gerade in der heutigen Zeit gut und Not.

Die Aussagekraft dieses Adventsliedes hängt aufs Engste zusammen mit dem Geschick von Jochen Klepper (1903–1942). Seine Gedichte und Lieder hat er in einer schweren Zeit geschrieben.

Jochen Klepper wurde 1903 als drittes Kind einer Pfarrersfamilie in Beuthen an der Oder geboren. Seit 1931 war er in Berlin mit der Jüdin Hanni Stein verheiratet. Das führte dazu, dass dem jungen Schriftsteller unter der Herrschaft der Nationalsozialisten so gut wie jede berufliche Tätigkeit verwehrt wurde – wegen angeblicher „Rassenschande", wie es damals hieß. 1933 verlor Klepper seine Anstellung beim Berliner Rundfunk. 1937 wurde er aus der damaligen Reichsschrifttumskammer ausgeschlossen.

Wer sich mit dem Leben von Jochen Klepper beschäftigt, dem fällt dessen besondere Tragik auf: Immer dann, wenn er eine Belastung abschütteln konnte, wartete auf ihn eine noch schwerere Last. Es ist beeindruckend, wie Klepper dem mit einer ungeheuren Kraftanstrengung standzuhalten versucht hat – so lange, bis seine seelischen Kräfte vollkommen aufgebraucht waren.

Eine besondere Kraftquelle war ihm dabei die Bibel: Hier hat er zuverlässige und tröstende Worte gefunden. Hier fand er Klarheit und Wahrheit in aller Verwirrung und Verirrung der damaligen Zeit.

Abseits von aller Verkehrung der menschlichen Worte durch die Nationalsozialisten zeugen die Worte der Bibel von einer Wirklichkeit, in die auch er sich hineinstellen konnte. So hat er einmal gedichtet:

> *„Alle Grenzen meiner Tage*
> *biege, Gott, in deinen Kreis,*
> *daß ich nur noch Worte sage,*
> *die ich von dir kommen weiß!"*

In diesem Vierzeiler hat Klepper sozusagen den Schlüssel dargestellt, mit dem sich alle seine Gedichte erschließen. Er wollte mit Worten der Bibel, mit den Worten Gottes dichten. Allein Gottes Worte sind zuverlässig und wahr und durch die Zeiten hindurch bewährt. Allein sie bieten einen festen Halt, an dem Menschen Orientierung, Trost und Kraft für ihr Leben finden.

Zunächst allerdings hat Klepper seine Gedichte für sich selbst geschrieben, zum Trost und zur Vergewisserung. So hält er beispielsweise am 12. November 1937 in seinem Tagebuch fest: *„Ich schrieb ein neues Kirchenlied, wie oft, wenn mir um Trost sehr bange ist.“*

> Die Nacht ist vorgedrungen,   EG 16.1
> der Tag ist nicht mehr fern.
> So sei nun Lob gesungen
> dem hellen Morgenstern!
> Auch wer zur Nacht geweinet,
> der stimme froh mit ein.
> Der Morgenstern bescheinet
> auch deine Angst und Pein.

Klepper beschreibt in diesen Zeilen seine eigene Situation, seine Not und seine Hoffnung. Er tut dies, indem er den Rhythmus der Natur, den Wechsel von Tag und Nacht aufnimmt. Durch die bildliche Redeweise erreicht er, dass sich auch jeder andere mit seiner *„Angst und Pein“* in diese Zeilen hineinstellen kann.

Beim genaueren Hinsehen fällt nun auf, dass diese Strophe eine sehr geschickte Zusammenstellung aus verschiedenen Bibelworten ist. *„Die Nacht ist vorgedrungen, der Tag ist nicht mehr fern“* ist abgeleitet von Worten, die der Apostel Paulus an die Gemeinde in Rom geschrieben hat, nämlich:

„Die Nacht ist vorgerückt, der Tag aber nahe herbei-

gekommen. So lasst uns ablegen die Werke der Finsternis und anlegen die Waffen des Lichts. "(Römer 13, 12)

Wer sich die Mühe macht, den Bibelstellen nachzuspüren, die Klepper für seine Dichtung zugrunde gelegt hat, dem erschließen sich biblische Zusammenhänge von einer besonderen Qualität. Sie lassen erahnen, welchen reichen Trost Klepper im Wort der Bibel gefunden hat. Vieles davon muss allerdings in seinen Gedichten ungesagt bleiben, um sie nicht zu überladen.

Was ist aber nun mit dem *„hellen Morgenstern"* gemeint, der die Nacht der Menschen durchbricht? Klepper weist damit auf Jesus Christus hin. An mehreren Stellen in der Bibel wird der Sohn Gottes, der Messias, mit einem Stern, einem Licht verglichen. Besonders ein Vers aus der Offenbarung stand für die Formulierung Pate, dass mit dem *„hellen Morgenstern"* Jesus Christus gemeint ist. In Offenbarung 22,16 heißt es:

„Ich, Jesus, habe meinen Engel gesandt, euch dies zu bezeugen für die Gemeinden. Ich bin die Wurzel und das Geschlecht Davids, der helle Morgenstern."

Jesus also ist der Morgenstern, der auch in unsere *„Angst und Pein"* das Licht der Hoffnung bringt. Und Jesus hat seinen Engel gesandt. Von diesem Bibelvers her ergibt sich fast wie von selbst der Übergang zur zweiten Strophe:

> Dem alle Engel dienen,   EG 16.2
> wird nun ein Kind und Knecht.
> Gott selber ist erschienen
> zur Sühne für sein Recht.
> Wer schuldig ist auf Erden,
> verhüll nicht mehr sein Haupt.
> Er soll errettet werden,
> wenn er dem Kinde glaubt.

Mit dieser Strophe führt uns Klepper mitten in die Weihnachtsgeschichte hinein, wie sie das Lukasevangelium berichtet. Unsere Perspektive ist die der Hirten, die draußen auf den Feldern vor Bethlehem liegen. Die Nacht um die Hirten wird plötzlich durch die Klarheit der Engel durchbrochen, die ihnen die Frohe Botschaft verkündigen:

„Fürchtet euch nicht! Siehe, ich verkündige euch große Freude, die allem Volk widerfahren wird; denn euch ist heute der Heiland geboren, welcher ist Christus, der Herr, in der Stadt Davids." (Lukas 2, 10–11)

Klepper bezieht diese Frohe Botschaft der Engel auch auf sich und spricht sie allen seinen Lesern zu. Dabei bleibt Klepper nicht nur bei dem kleinen Kind in der Krippe stehen. Hinter der Krippe sieht er schon das Kreuz, an dem der Sohn Gottes die Schuld der ganzen Menschheit getragen hat: *„Gott selber ist erschienen zur Sühne für sein Recht."* Durch den Glauben an das Kind in der Krippe kann der schuldbeladene und geängstigte Mensch Trost und Zuversicht für sein Leben schöpfen.

> Die Nacht ist schon im Schwinden,   EG 16.3
> macht euch zum Stalle auf!
> Ihr sollt das Heil dort finden,
> das aller Zeiten Lauf
> von Anfang an verkündet,
> seit eure Schuld geschah.
> Nun hat sich euch verbündet,
> den Gott selbst aussersah.

In einem weiteren Schritt aktualisiert Klepper das damalige Geschehen der Geburt Jesu für seine Leserinnen und Leser. Zusammen mit den Hirten sollen sie sich zum *„Stall aufmachen"*, also mit allem, was sie bewegt, zu Jesus kommen. Mit der Geburt des seit ewigen Zeiten verheißenen Gottessohnes ist die Zeitenwende eingeläutet. Mehr noch:

Mit der Geburt des Kindes ist auch die Wende in aller persönlichen Not vollbracht. Gott selbst stellt sich jetzt auf die Seite des Menschen, gerade auch des Sünders, des Einsamen und Kranken, des Traurigen und Verängstigten. Ihnen allen will Gott auf ihrem verdunkelten Lebensweg ein Verbündeter sein, der sie ins Licht führt.

Das ist die Botschaft von Weihnachten: Von dem Kind in der Krippe können wir uns neu die Hände füllen lassen. Hier können wir Trost, Mut und Vergebung der Sünden bekommen.

> Noch manche Nacht wird fallen   EG 16.4
> auf Menschenleid und -schuld.
> Doch wandert nun mit allen
> der Stern der Gotteshuld.
> Beglänzt von seinem Lichte,
> hält euch kein Dunkel mehr,
> von Gottes Angesichte
> kam euch die Rettung her.

Nun ist Klepper wieder beim Ausgangspunkt von Strophe eins angelangt. Menschen leiden unter Sorgen und Schuld: Sie leben in Angst vor den Schrecken der Nacht und fühlen nicht die Sicherheit, die der Tag bietet.

Allerdings haben sich mit der Geburt Jesu und dem Gang zur Krippe die Vorzeichen verändert: *„Doch wandert nun mit allen der Stern der Gotteshuld."* Diese Formulierung lässt an die Weisen aus dem Morgenland denken. Das Matthäusevangelium berichtet davon, dass die Weisen auf Grund einer besonderen Sternenkonstellation aufgebrochen waren, um dem neuen König der Juden ihre Ehrerbietung zu erweisen. Klepper deutet diese Geschichte aber in einer bezeichnenden Weise um: Der besondere Stern ist der *„helle Morgenstern"*, Jesus Christus. Und der zeigt den Weisen und uns auch weiterhin den Weg. Für Klepper ist aus der damaligen Weihnacht eine ewige Weihnacht geworden, die sich jedes Jahr wiederholt. Und: Weihnachten ist auch nicht mit dem 26. Dezember wieder vorbei. Die Menschwerdung Gottes bestimmt das ganze Jahr. Dieser Stern erhellt das ganze Leben.

Eigentlich hätte das Lied schon mit dieser vierten Strophe schließen können. Alles ist gesagt. Die Antwort auf die Frage nach der Erlösung aus aller Angst und Furcht ist gegeben. Aber Klepper fügt noch eine weitere Strophe an.

> Gott will im Dunkel wohnen EG 16.5
> und hat es doch erhellt!
> Als wollte er belohnen,
> so richtet er die Welt!
> Der sich den Erdkreis baute,
> der läßt den Sünder nicht.
> Wer hier dem Sohn vertraute,
> kommt dort aus dem Gericht!

In dieser Strophe fasst Klepper aufs Kürzeste seine Theologie zusammen. Von Martin Luther herkommend ist ihm der Gedanke wichtig, dass es neben dem offenbaren Gott in Jesus Christus auch einen verborgenen Gott gibt, einen „Deus absconditus". Diese Erfahrung machen viele Menschen: Gott ist nicht immer nur lieb. Es gibt in dieser Welt auch viel Elend und Leid. Die Bibel weist uns an mehreren Stellen darauf hin, dass Gott für unsere menschlichen Augen auch immer seine dunklen Seiten haben wird.

Für Klepper ist es wichtig, dass er sein gesamtes Leben in der Hand Gottes weiß, auch sein Leid. Er hält an Gott fest – auch wenn er Gottes Handeln nicht immer verstehen kann. Gleichsam wie in der biblischen Geschichte von Jakob, der am Jabbok mit Gott kämpft (1. Mose 32), will auch Klepper so lange mit dem verborgenen Gott ringen, bis er ihm in Jesus Christus wieder als der Helfer und Versöhner offenbar wird:

„Ich lasse dich nicht, du segnest mich denn." (1. Mose 32, 27)

Klepper hätte allen Grund gehabt, in dieser Strophe die Verhältnisse zu benennen und anzuklagen, die ihm sein Leben zur Qual werden lassen. Trotzdem verliert er auch seine eigene Schuld und sein eigenes Versagen nicht aus den Augen. Er reiht sich hier in die Reihe der *„Sünder"* ein. Klepper geht es nicht um sein Recht. Vielmehr will er mit Gott im Reinen sein, vor dem er sich immer im Unrecht weiß.

Und da macht Klepper eben immer wieder die befreiende Erfahrung, dass Gott dem Sünder ein gnädiger Gott ist; dass Gottes Gericht darin besteht, dass er seine Menschen „belohnt", das heißt: sie aufrichtet und tröstet. Obwohl Jochen Klepper zeitlebens ein sehr angefochtener Mensch war, konnte er mit seinen Gedichten für viele andere Menschen ein Tröster und Mutmacher werden. Er konnte es werden, weil er selbst es sich gefallen ließ, dass sein Platz in der Weihnachtsgeschichte der der Hirten war. Wie die Hirten musste Klepper es sich gefallen lassen, dass er an den Rand der Gesellschaft gedrängt wurde. Vielleicht wurde er aber gerade deshalb dafür offen, zu erfahren, dass die letzte Leere in unserem menschlichen Herzen nur durch Gottes Liebe ausgefüllt werden kann.

Klepper hat diese Liebe und diesen Trost mit seinen Gedichten und seinem Leben an andere weitergegeben. Etwas Besseres kann man von einem Menschen nicht sagen.

Amen.

Du Kind, zu dieser heilgen Zeit

EG 50 – Weihnachten

Du Kind, zu dieser heilgen Zeit
gedenken wir auch an dein Leid,
das wir zu dieser späten Nacht
durch unsre Schuld auf dich gebracht.
Kyrieleison.

Die Welt ist heut voll Freudenhall.
Du aber liegst im armen Stall.
Dein Urteilsspruch ist längst gefällt,
das Kreuz ist dir schon aufgestellt.
Kyrieleison.

Die Welt liegt heut im Freudenlicht.
Dein aber harret das Gericht.
Dein Elend wendet keiner ab.
Vor deiner Krippe gähnt das Grab.
Kyrieleison.

Die Welt ist heut an Liedern reich.
Dich aber bettet keiner weich
und singt dich ein zu lindem Schlaf.
Wir häuften auf dich unsre Straf.
Kyrieleison.

Wenn wir mit dir einst auferstehn
und dich von Angesichte sehn,
dann erst ist ohne Bitterkeit
das Herz uns zum Gesange weit.
Hosianna.

Emma und Paula gehen zum Friseur. Für das Weihnachtsfest wollen sie ihre Haare auf Vordermann bringen lassen.
Vor dem Schaufenster des Friseurgeschäftes bleiben sie
stehen. Der Friseur hat seinem Schaufenster adventlichen
Glanz verliehen. Es fehlt weder an Tannengrün noch an
Kerzen; auch silberne Glöckchen und sonstiger Flitter sind
vorhanden.

Der Friseur hat aber noch mehr getan. Mitten in die Deko-
ration hat er eine offene Bibel gelegt. Auf der aufgeschla-
genen Seite hat er eine Stelle rot unterstrichen. So lesen
nun auch Emma und Paula:

*„Also hat Gott die Welt geliebt, dass er seinen eingebore-
nen Sohn gab, damit alle, die an ihn glauben, nicht verloren werden, sondern das ewige Leben haben."*

Da meint Emma zu Paula: „Er ist ja ganz nett, unser Friseur. Aber dass er einem immer mit der Bibel kommen
muss!" „Ja!", stöhnt Paula: „Jetzt ausgerechnet noch bei
unserm Weihnachtsfest!"

Diese kleine Geschichte macht augenzwinkernd darauf
aufmerksam, dass vielen Menschen der eigentliche Ur-
sprung und Sinn von Weihnachten fremd ist. Sie leben
nach der Melodie: „Weihnachten ist halt *,alle Jahre wieder'*. Na schön. Man muss halt die Feste feiern, wie sie fallen!" Der fromme Friseur aber hat verstanden, um was es
Weihnachten geht.

In der Bibel hat er im Johannesevangelium einen Satz

angestrichen, der die Bedeutung von Weihnachten auf den Punkt bringt:

„Also hat Gott die Welt geliebt, dass er seinen eingeborenen Sohn gab, damit alle, die an ihn glauben, nicht verloren werden, sondern das ewige Leben haben." (Johannes 3, 16)

Mit eigenen Worten gesagt: Der allmächtige Gott ist in seinem Sohn Jesus Christus ein Mensch geworden. Gott hat das Wertvollste, was er hat, verschenkt, weil er uns verlorenen Menschen nachgehen will. Er hat all seinen Reichtum und Glanz aufgegeben und ist in unsere Welt hineingekommen.

Nicht in einem Königssaal kommt er zur Welt, sondern in einem Stall.

Nicht in ein warmes Bett wird er gelegt, sondern in einen Futtertrog. Und warum das alles?

Nicht weil *Gott* das nicht hätte anders einrichten können.

Nicht weil *er* das nötig hätte, sondern weil er *all die Not* kennt, die *unser* Leben bestimmt.

All diese Not will Gott auf sich nehmen – aus Liebe zu uns Menschen. 2000 Jahre ist es nun her, liebe Gemeinde, dass Gott diesen schier unglaublichen Schritt auf uns Menschen zugegangen ist. Das Geheimnis der Liebe, das sich hinter diesem Schritt verbirgt, ist unbeschreiblich groß. Es ist so groß, dass die Christenheit eines Tages sagte: Mit der Geburt Jesu lassen wir eine neue Zeitrechnung beginnen. Und heute ist es nun 2000 Jahre her, dass Jesus geboren worden ist; er, *„der Heiland, welcher ist Christus, der Herr, in der Stadt Davids"* (Lukas 2, 11).

Vor 2000 Jahren erblickte der Sohn Gottes das Licht dieser zwielichtigen Welt, damit er uns das wahre Licht werden konnte, an dem wir uns orientieren können.

Vor 2000 Jahren kam unser Schöpfer als kleines menschliches Geschöpf zu uns.

Vor 2000 Jahren kam unser Richter in diese schuldbeladene Welt, um diese Schuld auf sich zu nehmen und an das Kreuz von Golgatha zu tragen.

Ich kann darüber nur staunen:

„So sehr hat Gott die Welt geliebt, dass er seinen einzigen Sohn gab, damit alle, die an ihn glauben, nicht verloren werden, sondern das ewige Leben haben."

Kein Mensch in dieser Welt hat sich das jemals verdienen können, dass Gott diesen Schritt auf ihn zu gemacht hat – in all den 2000 Jahren nicht. Gott kommt trotzdem – aus Liebe.

Der Liederdichter Jochen Klepper hat diese unverdiente Liebe, mit der Gott auf uns zukommt, stark empfunden. Und er ist darüber erschrocken, wie gedankenlos seine Zeitgenossen oft an dieser Liebe vorübergehen – und oft genug er selbst.

Deshalb hat er ein Weihnachtslied in Form eines Sündenbekenntnisses geschrieben; ein Schuldbekenntnis zu Weihnachten.

Und ich bitte Sie nun, dass wir heute, am Morgen des Heiligabend 2000, dieses Bekenntnis einmal zusammen sprechen:

> Du Kind, zu dieser heilgen Zeit   EG 50.1–5
> gedenken wir auch an dein Leid,
> das wir zu dieser späten Nacht
> durch unsre Schuld auf dich gebracht.
> Kyrieleison.
>
> Die Welt ist heut voll Freudenhall.
> Du aber liegst im armen Stall.
> Dein Urteilsspruch ist längst gefällt,
> das Kreuz ist dir schon aufgestellt.
> Kyrieleison.

Die Welt liegt heut im Freudenlicht.
Dein aber harret das Gericht.
Dein Elend wendet keiner ab.
Vor deiner Krippe gähnt das Grab.
Kyrieleison.

Die Welt ist heut an Liedern reich.
Dich aber bettet keiner weich
und singt dich ein zu lindem Schlaf.
Wir häuften auf dich unsre Straf.
Kyrieleison.

Wenn wir mit dir einst auferstehn
und dich von Angesichte sehn,
dann erst ist ohne Bitterkeit
das Herz uns zum Gesange weit.
Hosianna.

Die Gedanken, die Jochen Klepper hier ausspricht, sind herb. Es ist immer herb, wenn jemand sein eigenes Versagen erkennt. Darf so etwas auch zu Weihnachten sein – heute, da sich alle Welt doch mal so richtig von Herzen freuen will?

Wenn wir ehrlich sind, müssen wir zugeben, dass uns diese Freude gar nicht so leicht fällt. Wie sieht es denn in vielen Familien tatsächlich aus mit der Weihnachtsfreude? Natürlich: Wir freuen uns über die Geschenke und über Besuche und über ein paar freie Tage. Aber unter dem Zuckerguss und der Bratensoße – wenn ich das mal so sagen darf – gärt es in vielen Herzen bedenklich.

Viel Bitterkeit und Zynismus machten sich gerade zu Weihnachten breit. Da möchte eine Mutter vor der Bescherung gerne noch ein paar Weihnachtslieder singen. Aber sie singt sie mit ihrem Söhnchen allein. Die ältere Tochter und ihr Mann sind in die Küche geflüchtet, weil sie diese Stimmung nicht ertragen können.

Eine Kaufhauskette warb mit Unterwäsche und Dessous. Schließlich sei Weihnachten doch das Fest der Liebe ...

Diese schönsten Tage im Jahr sind oft randvoll gefüllt mit Bitterkeit und viele meinen, Weihnachten sei überhaupt nur noch etwas für die Kinder.

Jochen Klepper dagegen sieht schärfer. Er sieht messerscharf. Vielleicht tun seine Gedanken manchem unter uns weh. Aber sie packen den Weihnachtsschmerz vieler Erwachsener bei der Wurzel. Die Bitterkeit rührt davon her, dass viele unter uns einfach übersatt sind. Und diese äußerliche Sattheit kontrastiert Klepper mit der Geburt des Gottessohnes, wie es uns das Lukasevangelium berichtet. Sie geschah in aller Armut. So schreibt Lukas von Maria:

„Und sie gebar ihren ersten Sohn und wickelte ihn in Windeln und legte ihn in eine Krippe; denn sie hatten sonst keinen Raum in der Herberge." (Lukas 2, 7)

Und Jochen Klepper geht noch einen Schritt weiter. Er sieht Weihnachten und Karfreitag in eins.

Und so ist es ja auch. Die Krippe, in die das Jesuskind gelegt wird, ist aus dem gleichen Holze geschnitzt wie auch das Kreuz von Golgatha. Es ist die Hartherzigkeit der Menschen, die der revolutionären Liebe Gottes zu allen Menschen keinen Raum gibt.

Es ist kein Wunder, liebe Gemeinde, dass das Weihnachtsfest in vielen Familien nicht so gelingt, wie es gewünscht und erhofft wird.

Ohne Jesus, ohne dass das Wunder der Liebe Gottes zu uns Menschen im Mittelpunkt steht, feiern wir zu Weihnachten nämlich nur uns selbst. Und da stehen wir dann eben genauso hilflos und friedlos nebeneinander, wie wir eben im Alltag auch nebeneinander stehen – nur dass wir jetzt eben krampfhaft fröhlich sein wollen, Lieder singen und Braten essen. Die Sehnsucht nach wirklichem Frieden in der Familie und Freude im Herzen wird auf diese Weise nicht gestillt.

Aber Gott sei Dank, ist Weihnachten keine Erfindung von uns Menschen! Es ist die Erinnerung an Gottes Kommen zu uns. Gott geht in seiner Liebe zu uns Menschen weit. Nicht nur, dass er den Himmel verlässt. Nein, er geht den Weg bis ans Kreuz, bis in die letzte Todesverlassenheit hinein.

Lassen Sie uns also zu dem Kind in der Krippe gehen! Bringen wir ihm heute morgen allen klebrigen Zuckerguss über unseren Seelen, allen Ballast, alles eigene Versagen, allen Ärger, alle Fragen. So kann das Kind unsere entleerten Herzen neu füllen – mit seiner Liebe. Denn dazu ist Gott in unsere Welt hineingekommen.

„So sehr hat Gott die Welt geliebt, dass er seinen einzigen Sohn gab, damit alle, die an ihn glauben, nicht verloren werden, sondern das ewige Leben haben."

Amen.

Der du die Zeit in Händen hast

EG 64 – Jahreswende

Der du die Zeit in Händen hast,
   Herr, nimm auch dieses Jahres Last
   und wandle sie in Segen.
   Nun von dir selbst in Jesus Christ
   die Mitte fest gewiesen ist,
   führ uns dem Ziel entgegen.

Da alles, was der Mensch beginnt,
   vor seinen Augen noch zerrinnt,
   sei du selbst der Vollender.
   Die Jahre, die du uns geschenkt,
   wenn deine Güte uns nicht lenkt,
   veralten wie Gewänder.

Wer ist hier, der vor dir besteht?
   Der Mensch, sein Tag, sein Werk vergeht:
   nur du allein wirst bleiben.
   Nur Gottes Jahr währt für und für,
   drum kehre jeden Tag zu dir,
   weil wir im Winde treiben.

Der Mensch ahnt nichts von seiner Frist.
   Du aber bleibest, der du bist,
   in Jahren ohne Ende.
   Wir fahren hin durch deinen Zorn,
   und doch strömt deiner Gnade Born
   in unsre leeren Hände.

Und diese Gaben, Herr, allein
laß Wert und Maß der Tage sein,
die wir in Schuld verbringen.
Nach ihnen sei die Zeit gezählt;
was wir versäumt, was wir verfehlt,
darf nicht mehr vor dich dringen.

Der du allein der Ewge heißt
und Anfang, Ziel und Mitte weißt
im Fluge unsrer Zeiten:
bleib du uns gnädig zugewandt
und führe uns an deiner Hand,
damit wir sicher schreiten.

Das Jahr geht zu Ende. Heute feiern wir Silvester und morgen haben wir bereits ein neues Jahr. Für die meisten ist die Jahreswende ein Anlass, um einmal innezuhalten *„im Fluge unsrer Zeiten"*.

Der eine setzt sich an den Schreibtisch und schreibt für sich persönlich seinen Jahresrückblick: Was ist gelungen? Was ging schief? Die andere macht einen Spaziergang durch die klare Winterluft und zieht Bilanz. Ein Ehepaar sitzt bei Kaffee und Weihnachtsplätzchen und fragt sich: „Was war besonders schön? Was macht uns Sorgen?"

Wer über das zurückliegende Jahr nachdenkt, der macht die Erfahrung, dass es gar nicht so einfach ist, die vielen Ereignisse auf die Reihe zu bekommen. Noch schwerer ist es, einen roten Faden darin zu entdecken.

Aber genau nach diesem roten Faden suchen wir ja, wenn wir zwischen den Jahren innehalten und über die zurückliegenden 365 Tage nachdenken. Wir versuchen, zu verstehen und einzuordnen, was sich während des zu Ende gehenden Jahres in unserem Leben abgespielt hat.

Und wir fragen kritisch mit Blick auf unser Tun: Was hatte
Sinn und was war nur Zeitvertreib? Letztlich geht es bei
der Suche nach dem roten Faden um die Frage: Was bleibt
von dem, was ich in den zurückliegenden 8.760 Stunden
getan und geschaffen habe?

Wer so am Ende des Jahres ins Nachdenken kommt, der
kann angesichts der schweren Fragen ins Grübeln geraten.
Die Nachdenklichkeit am Ende des Jahres hat schon so
manchen Menschen zum Philosophen gemacht.

Was bleibt von dem vergehenden Jahr? Was hat Bestand?
Was bleibt von meinem Tun und Lassen?

Das „Neujahrslied" von Jochen Klepper „*Der du die Zeit in
Händen hast*" gibt uns eine Antwort darauf. Die Antwort
lautet: Gott bleibt und seine Gnade. Sichtbar geworden ist
diese Gnade ein für allemal in Jesus Christus. Wer sich an
diese offenbare Seite Gottes hält, der ist gehalten. Wer sich
nach Jesus Christus ausrichtet, der braucht kein Gericht
mehr zu fürchten. Wer bei Jesus bleibt, der wird ewig bleiben.

Das Lied ist durchzogen von einem Hauch von Ewigkeit.
Wer dieses Lied durchmeditiert, dem kann angesichts der
gewaltigen Tiefe und des Ernstes schwindelig werden.

Klepper liefert uns hier zur Jahreswende keine sekt-
beschwingte Heiterkeit. Er liefert uns aber auch keine pes-
simistische Philosophie. Vielmehr gibt Jochen Klepper uns
mit diesen Zeilen weiter, was ihm selbst in seiner persönlich schweren Situation Trost und Halt gegeben hat.

Es sind Worte der Bibel, mit denen Klepper hier gedichtet
hat, genauer Worte aus dem 31., dem 90. und 102. Psalm.
Das Lied lebt von der Wahrheit der Bibel, von ihren Gedanken und Bildern. Und zugleich werden die Aussagen
der Bibel durch das Lied neu zugänglich.

Dabei hat Klepper nicht einfach die Worte der Bibel nachgedichtet, sondern er hat entsprechende Aussagen in eine fruchtbare Beziehung gesetzt. Als Lutheraner hat Klepper den reformatorischen Grundsatz befolgt, dass sich die Schrift selbst auslegt.

Und mittendrin in diesen Zeilen steht der Dichter selbst mit seinen existentiellen Fragen und Sorgen.

Klepper, 1903 geboren, hat dieses Gedicht im Jahr 1937 geschrieben. Der junge Schriftsteller hatte damals gerade seinen Roman „Der Vater" veröffentlicht. Da wurde ihm am Tag vor Ostern der Ausschluss aus der damaligen Reichsschrifttumskammer mitgeteilt. Als Schriftsteller war er damit erledigt – und das alles, weil er mit der Jüdin Hanni Stein verheiratet war, was von den Nationalsozialisten als „Rassenschande" bezeichnet wurde. Der nationalistische Zeitgeist nahm Klepper zusehends die Luft zum Atmen.

Zu dem „Neujahrslied" gibt es übrigens eine sehr aufschlussreiche Beurteilung durch die Reichsschrifttumskammer vom 19. November 1937. Da heißt es:

„Dieses Gedicht vertritt eine Gesinnung, die absolut jüdisch genannt werden muß. Es wird gesprochen von des Jahres Last, daß alles, was der Mensch beginnt, vor seinen Augen zerrinnt, daß des Menschen Tag und Werk vergeht, daß der Mensch im Winde treibt, daß die Menschen ihre Tage in Schuld verbringen, daß sie in ihrer Zeit vieles versäumen und verfehlen.

Gegen die Frömmigkeit dieses lyrischen Dichters soll gewiß nichts gesagt werden, aber das heutige Deutschland darf bestimmt ein Neujahrslied in einem anderen, positiveren Ton erwarten, der es nicht nötig hat, auf die knechtische Einstellung der Psalmen zurückzugreifen."

So weit der Zeitgeist von 1937. Für mich stellt sich die Frage, inwiefern sich der heutige Zeitgeist wesentlich davon unterscheidet. In weiten Kreisen gilt ja gerade deshalb der christliche Glaube als veraltet oder zumindest unbequem, weil er nicht ständig positiv von den Leistungen der Menschen spricht, sondern auch mit seiner Schuld und Sündhaftigkeit rechnet.

> Der du die Zeit in Händen hast,   EG 64.1
> Herr, nimm auch dieses Jahres Last
> und wandle sie in Segen.
> Nun von dir selbst in Jesus Christ
> die Mitte fest gewiesen ist,
> führ uns dem Ziel entgegen.

Das „Neujahrslied" ist ein Gebet. Klepper wendet sich mit seines *„Jahres Last"* an Gott. Von Gott weiß er sich mit seinen Sorgen und Nöten gehalten. Im Hintergrund für die erste Strophe steht ein Vers aus Psalm 31, nämlich: *„ Meine Zeit steht in deinen Händen. "* (Psalm 31, 16)

Dieses Vertrauen durchzieht den gesamten ersten Vers. Gott hält mich und meine Lebenszeit in seiner Hand. Er kann auch aus Bösem, das mir widerfährt oder das ich angestellt habe, Gutes werden lassen. Auch trotz schwerer Lasten, die Menschen zu tragen haben, sei es Krankheit, seien es widrige politische Umstände, gibt Gott die Kraft, dass wir zu seiner Ehre und zum Frieden für die Mitmenschen leben.

Denn Gott ist kein zeitloses Schicksal, das uns mit unseren Nöten allein und sinnlos herumirren lässt. In Jesus Christus ist er Mensch geworden. Jesus ist der Grund, weshalb es sich lohnt, anständig und zuversichtlich als Christ zu leben: Er ist unser Retter und Richter.

Wer dagegen auf andere „Führer" vertraut, sei es auf einen Adolf Hitler oder auf den materiellen Wohlstand, der wird verführt, der irrt letztlich ziellos durchs Leben.

Da alles, was der Mensch beginnt, EG 64.2
vor seinen Augen noch zerrinnt,
sei du selbst der Vollender.
Die Jahre, die du uns geschenkt,
wenn deine Güte uns nicht lenkt,
veralten wie Gewänder.

Die zweite Strophe beschreibt, wie schnell Dinge, die uns einmal sehr wichtig und wertvoll waren, veralten. Das habe ich im zurückliegenden Jahr beim Umzug ins neue Pfarrhaus auch wieder einmal gespürt: „Ja, soll ich diese Hose tatsächlich mitnehmen oder doch lieber gleich in den Beutel für die Altkleidersammlung geben? Und wie sieht es aus mit diesem Buch? Gelesen habe ich es wohl mal – aber jetzt fürs Arbeitszimmer oder für die Rumpelkammer oder gleich zum Altpapier?"

Die Zeit kann ein schrecklicher Herr sein. Dauernd setzt sie uns unter Druck, damit wir mit einer Arbeit rechtzeitig fertig werden. Und schon nach ein paar Jahren merken wir, dass wir unser Erarbeitetes nicht mehr in der Hand haben. Vieles, was wir geschaffen oder gelernt haben, können wir nicht mehr gebrauchen. Heute gibt es andere Aufgaben zu lösen als vor zwei Jahren. Die Zeit versperrt uns den Weg zurück.

Schon die alten Griechen haben die Zeit als einen schrecklichen Herrn empfunden. Nicht ohne Grund stellen sie die Zeit als ein grausames Bild dar. Der Gott Kronos frisst seine eigenen Kinder – eine symbolische Darstellung für das Werden und Vergehen, das so oft dicht beieinander liegt.

Das ist auch die Erfahrungswelt der Bibel. Gleichzeitig spricht sich hier aber auch das Vertrauen zu Gott aus, der sozusagen über der Zeit thront. Ihm kann der Zahn der Zeit nichts anhaben. Denn er selbst hat mit der Welt gleichzeitig auch die Zeit erschaffen. So heißt es in Psalm 102:

„Deine Jahre währen für und für. Du hast vorzeiten die Erde gegründet, und die Himmel sind deiner Hände Werk. Sie werden vergehen, du aber bleibst; sie werden alle veralten wie ein Gewand; wie ein Kleid wirst du sie wechseln, und sie werden verwandelt werden. Du aber bleibst, wie du bist, und deine Jahre nehmen kein Ende." (Psalm 102, 25 b–28)

Diese biblischen Worte bestimmen auch die dritte Strophe des Klepper-Liedes.

> Wer ist hier, der vor dir besteht?   EG 64.3
> Der Mensch, sein Tag, sein Werk vergeht:
> nur du allein wirst bleiben.
> Nur Gottes Jahr währt für und für,
> drum kehre jeden Tag zu dir,
> weil wir im Winde treiben.

Hier ist das Hauptproblem unserer menschlichen Existenz auf den Punkt gebracht: *„Der Mensch, sein Tag, sein Werk vergeht."*

Ich möchte es einmal ganz krass ausdrücken: Wir können uns auf den Kopf stellen, wir können uns einen Schnurrbart wachsen lassen, wir können Multimillionär werde, wir können uns heute Abend volllaufen lassen. Das alles ändert nichts an der Tatsache, dass wir vergängliche Wesen sind und dass auch unsere Werke vergänglich sind.

Gott allein bleibt. Sein Wille und sein Reich haben ewig Bestand. Und nun ist das für uns heute Abend die Frohe Botschaft: Gott allein bleibt. Und Gott bleibt nicht allein. Wir vergänglichen Geschöpfe, wir Spielbälle des Windes, dürfen zu ihm gehören. Als seine Kinder dürfen wir uns mit einem vertrauensvollen *„Du"* an ihn wenden.

> Der Mensch ahnt nichts von seiner Frist. EG 64.4
> Du aber bleibest, der du bist,
> in Jahren ohne Ende.
> Wir fahren hin durch deinen Zorn,
> und doch strömt deiner Gnade Born
> in unsre leeren Hände.

Dieser Vers beschreibt noch einmal unsere Vergänglichkeit. Er tut dies mit Worten des 90. Psalms. Dort heißt es:

„Darum fahren alle unsere Tage dahin durch deinen Zorn, wir bringen unsere Jahre zu wie ein Geschwätz. Herr, kehre dich doch endlich wieder zu uns und sei deinen Knechten gnädig! Fülle uns frühe mit deiner Gnade, so wollen wir rühmen und fröhlich sein unser Leben lang.“

(Psalm 90, 9. 13–14)

Klepper weiß nichts von einem „Bilderbuch-lieber-Gott". Vielmehr hängt unsere Vergänglichkeit durchaus mit dem Willen des lebendigen Gottes zusammen. So steht es in der Bibel. Aber eben dieser lebendige Gott lässt uns auch nicht allein. Wer sich in Gottes Hand flüchtet, dem füllt er die Hände.

> Und diese Gaben, Herr, allein EG 64.5
> laß Wert und Maß der Tage sein,
> die wir in Schuld verbringen.
> Nach ihnen sei die Zeit gezählt;
> was wir versäumt, was wir verfehlt,
> darf nicht mehr vor dich dringen.

Trotz unserer Vergänglichkeit gibt es nämlich so etwas wie objektive Größen, an denen wir uns festhalten können und mit denen wir unser Leben gut und sinnvoll gestalten können. Davon spricht die fünfte Strophe.

Als erstes sind da die Gaben Taufe und Abendmahl zu nennen. Gott reicht uns seine Hand und wir dürfen sie im

Glauben ergreifen. Und Gott gibt uns auch noch ganz persönliche Gaben – Fähigkeiten, mit denen wir uns für das
Reich Gottes einsetzen können; mitarbeiten, dass Gottes
Wille auch auf Erden geschieht, in unserer Familie, an
unserem Arbeitsplatz, in der Gemeinde. Sei es, dass jemand
gut singen oder gut zuhören kann, dass einer im Chor singt
oder sich als Bezirkshelfer einsetzt und Menschen in seiner
Nachbarschaft besucht. Unsere Gaben und Fähigkeiten
haben Bestand, wenn sie sich an dem orientieren, was ewigen Bestand hat. Und das sind nach dem Apostel Paulus
„Glaube, Hoffnung und Liebe; diese drei bleiben; aber die
Liebe ist die Größte unter ihnen" *(1. Korinther 13, 13)*.

Alles, was wir unter dem Vorzeichen von Glaube, Hoffnung und vor allem der Liebe tun, ist nicht vergeblich, sondern hat Bestand. Deshalb wollen wir mit Jochen Klepper
vertrauensvoll beten:

> Der du allein der Ewge heißt   EG 64.6
> und Anfang, Ziel und Mitte weißt
> im Fluge unsrer Zeiten:
> bleib du uns gnädig zugewandt
> und führe uns an deiner Hand,
> damit wir sicher schreiten.

Amen.

Gott Vater, du hast deinen Namen

EG 208 – Taufe

Gott Vater, du hast deinen Namen
in deinem lieben Sohn verklärt
und uns, sooft wir zu dir kamen,
die Vatergnade neu gewährt.

So rufe dieses Kind mit Namen,
das nun nach deinem Sohne heißt.
Wir glauben, du Dreiein'ger! Amen!
Zum Wasser gabst du Wort und Geist.

Erhalte uns bei deinem Namen!
Dein Sohn hat es für uns erfleht.
Geist, Wort und Wasser mach zum Samen
der Frucht des Heils, die nie vergeht!

Rita Bulla, Dorothea Mallas, Lennart Wytzisk, Reinhard Ellsel:
Das sind lauter Eigennamen. Für jeden Menschen ist sein eigener Name das schönste und bedeutungsvollste Wort in seinem Sprachgebrauch. Das hat nichts mit Eitelkeit zu tun. Unser eigener Name: Das ist unsere Identität. Für unser Selbstwertgefühl jedenfalls trifft es nicht zu, dass unser eigener Name nur „Schall und Rauch" sein soll.

Ich denke an den kleinen Lennart, den ich gerade getauft habe. Erst fünfeinhalb Monate ist er alt. Aber er weiß:

„Lennart: Das bin ich." Er kann seinen Namen zwar jetzt noch nicht aussprechen. Aber jeder kann es sehen, dass Lennart sich jetzt schon mit diesem Namen identifiziert: „‚Lennart': So sagen Papa und Mama zu mir, Opa und Oma nennen mich so. Ich bin Lennart."

Liebe Gemeinde, unser Name ist für uns von großem Wert – egal, ob wir ihn schön finden oder nicht. „Dorothea Mallas" zum Beispiel: diesen „Markennamen" gibt es nur einmal auf dieser Erde unter sechs Milliarden Menschen. Vielleicht gibt es noch einmal irgendwo einen Menschen, der so heißt – aber es gibt nur eine einzige Dorothea Mallas, die jetzt hier in der Jesus-Christus-Kirche die Orgel spielt. Dorothea Mallas, diesen Menschen mit dieser besonderen Geschichte und diesen besonderen Gaben: Das ist einzigartig! Wie war doch gleich der Name der Organistin? Mallach? Oder Mallai? Wir reagieren ärgerlich, wenn man unseren Namen falsch ausspricht. Nein: Mallas! Dorothea Mallas!

Und Frau Mallas spielt uns nun das Lied auf der Orgel vor, über das ich heute mit Ihnen nachdenken möchte. *„Gott Vater, du hast deinen Namen ..."* Das ist ein Lied des Schriftstellers Jochen Klepper. Mit diesem Tauflied beschreibt Jochen Klepper, was für ihn die Bedeutung der Taufe ist. Kurz gesagt: Unser Name wird verbunden mit dem Namen Gottes.

> Gott Vater, du hast deinen Namen   EG 208.1–3
> in deinem lieben Sohn verklärt
> und uns, sooft wir zu dir kamen,
> die Vatergnade neu gewährt.

So rufe dieses Kind mit Namen,
das nun nach deinem Sohne heißt.
Wir glauben, du Dreiein'ger! Amen!
Zum Wasser gabst du Wort und Geist.

Erhalte uns bei deinem Namen!
Dein Sohn hat es für uns erfleht.
Geist, Wort und Wasser mach zum Samen
der Frucht des Heils, die nie vergeht!

In der Taufe wird unser Name verbunden mit dem Namen des dreieinigen Gottes. Deshalb habe ich eben bei der Taufe auch gesagt: *„Lennart Wytzisk, ich taufe dich auf den Namen des Vaters und des Sohnes und des Heiligen Geistes."*

Jesus selbst hat seinen Jüngern bei seinem Abschied den Auftrag gegeben, in dieser Weise zu taufen. Wir haben diese Worte eben auch schon gehört. Jesus Christus spricht zu seinen Jüngern:

„Gehet hin und machet zu Jüngern alle Völker: Taufet sie auf den Namen des Vaters und des Sohnes und des Heiligen Geistes und lehret sie halten alles, was ich euch befohlen habe." (Matthäus 28, 19–20)

„Auf den Namen" des dreieinigen Gottes, das heißt eigentlich genauer: *„In den Namen Gottes hinein"*, das bedeutet: in den Machtbereich Gottes hinein. Der Name Gottes: Das ist sein Machtbereich. Ich möchte das an einem Beispiel verdeutlichen.

Rita, wenn ich dich in eurem Haus Am Stadion 68 besuche, dann steht bei der Haustür in der Nähe vom Klingelknopf wahrscheinlich euer Familienname: „Bulla". Wenn ich also klingle und mir wird die Haustür geöffnet, dann betrete ich sozusagen den Machtbereich der Familie Bulla. Und wenn ich dann, bevor du mich ins Wohnzimmer bitten kannst, an

euren Kühlschrank gehe und mir ein Bier heraushole, dann
wirst du dich wahrscheinlich wundern und denken: „Na,
der Reinhard hat heute vielleicht einen anstrengenden Tag
gehabt. Aber er hätte mich ja auch mal fragen können."
Aber wenn ich dann an dein Portmonee gehe und nach
Streichhölzern suche, um deine Gardinen anzuzünden,
dann wirst du wahrscheinlich sagen – auch wenn ich der
Pastor bin: „Halt, hör auf! Das geht nicht! Hier habe ich zu
sagen. So einen Blödsinn kannst du vielleicht bei dir zu
Hause machen. Hier nicht! Da ist die Tür! Auf Wiederse-
hen!"

Und so ist das mit der Taufe auch. Lennart und wir alle, die
wir getauft sind auf den Namen des Vaters und des Sohnes
und des Heiligen Geistes: Wir alle stehen im Machtbereich
Gottes. Auf uns alle darf in unserem Leben nichts zukommen, was Gott nicht zulässt. Der allmächtige Gott hält
schützend seine Hand über uns. Und wir dürfen uns, was
auch immer geschehen sein mag, in die schützende Hand
Gottes flüchten. Gott ist unser Vater – weil sein Sohn Jesus
Christus für uns am Kreuz von Golgatha gestorben ist – für
all unsere Schuld. Und Jesus ist von den Toten auferstanden – damit auch wir das ewige Leben haben. Jesus hat für
uns den Weg frei gemacht zu Gott, unserem Vater im
Himmel.

Mit der Taufe bekommen wir sozusagen das Bürgerrecht
im Himmel zugesprochen – ohne dass wir uns das irgend-
wie verdienen könnten. Aus Gnade haben wir eine Heimat
bei Gott – schon jetzt und in Ewigkeit. Was für eine wunderbare Zusage von Gott ist das für unser Leben! Ich kann
darüber oft nur dankbar staunen.

Lennart Wytzisk, fünfeinhalb Monate alt, steht im Machtbereich Gottes. Und Gott wird bei ihm sein, wenn er mit
fünfeinhalb Jahren in den Kindergarten geht – derselbe
Lennart Wytzisk, der er schon heute ist und dann doch ein

anderer; aber eben er: Lennart Wytzisk. Und Gott wird bei ihm sein, wenn er sich mit fünfzehneinhalb allmählich von seinen Eltern löst und einen heimlichen Schwarm im Herzen trägt. Und Gott wird bei ihm sein, wenn Lennart fünfundfünfzigeinhalb Jahre ist und spürt, dass sich die ersten „Zipperlein" einstellen. Und Gott wird bei ihm sein, wenn er eines Tages stirbt und diese Erde verlässt.

Liebe Gemeinde, das bedeutet die Taufe: Der allmächtige Gott legt sich fest und verspricht: „Ich will dein Verbündeter sein – komme, was wolle. Du stehst in meinem Machtbereich."

So sagt es ja auch der Taufspruch von Lennart, der im 43. Kapitel des Jesajabuches steht:

„So spricht der Herr, der dich geschaffen hat: Fürchte dich nicht, denn ich habe dich erlöst; ich habe dich bei deinem Namen gerufen; du bist mein!" (Jesaja 43, 1)

Gott ruft uns zu sich mit unserem Namen – uns selbst, um bei uns zu sein unser Leben lang.

Diese Worte übrigens waren auch der Taufspruch des Liederdichters Jochen Klepper. Er hat in dunklen Stunden oft über diese Zusage Gottes für sein Leben nachgedacht. Das Tauflied ist ein Ergebnis davon. Wir wollen es jetzt ein zweites Mal singen:

Gott Vater, du hast deinen Namen   EG 208.1–3
    in deinem lieben Sohn verklärt
    und uns, sooft wir zu dir kamen,
    die Vatergnade neu gewährt.

So rufe dieses Kind mit Namen,
    das nun nach deinem Sohne heißt.
    Wir glauben, du Dreiein'ger! Amen!
    Zum Wasser gabst du Wort und Geist.

Erhalte uns bei deinem Namen!
Dein Sohn hat es für uns erfleht.
Geist, Wort und Wasser mach zum Samen
der Frucht des Heils, die nie vergeht!

In der Taufe wird also unser Name verbunden mit dem
Namen Gottes. Gott sagt „Ja!" zu uns. Ein Leben lang hält
er uns in seinem Sohn Jesus Christus die Hand entgegen.
Allerdings, wir müssen auch einschlagen in diese Hand
Jesu. Wenn wir nicht glauben, wenn wir nicht selbst „Ja!"
sagen zu Gott, dann nutzt uns die Taufe nicht viel. Ich muss
selbst eigene Erfahrungen machen mit Gott.

Ich möchte die Taufe einmal mit einem Sparbuch verglei-
chen, das unsere Eltern für uns angelegt haben bei unserer
Geburt. Vielleicht haben auch Oma und Opa etwas darauf
einzuzahlen.

Aber irgendwann kommt jeder Mensch in das Alter, wo er
auf diesem Grundstock selbst aufbauen muss. Keinem 20-
jährigen Lennart nützt ein Sparbuch, auf dem er vielleicht
100 Euro hat, wenn er damit zum Autohändler geht und
nun einen schicken Wagen kaufen möchte.

Leider gehen manche Menschen recht achtlos mit ihrer
Taufe um. Enrino Dapozzo, ein aus Italien stammender
Evangelist, erzählt:

*„Vor einiger Zeit gab ich in einigen Zeitungen Inserate auf,
in denen ich um Bibeln bat, auch alte und gebrauchte.
Lange hörte ich nichts.*

*Dann kam eine Nachricht von einem Gastwirt: ‚Werter
Herr, kommen Sie vorbei. Ich habe viele Bibeln zu ver-
schenken.' Ich machte mich sofort auf den Weg. Ein
freundlicher Gastwirt empfing mich.*

*‚Ich habe einen ganzen Berg von Bibeln. Sehen Sie, dort ist
die Kirche. Dort werden die Hochzeitspaare kirchlich ge-
traut und bekommen vom Pfarrer eine wunderbare Bibel.*

Vorn auf dem ersten Blatt stehen die Namen des Paares und die Daten. Nach der Trauung kommt die ganze Hochzeitsgesellschaft zu mir ins Wirtshaus. Sie essen gut und trinken reichlich. Und wenn sie fortgehen, reißen sie aus der Bibel die erste Seite mit ihrem Namen als Urkunde heraus, stecken sie ein und lassen die Bibel bei mir zurück!' Dann führte mich der Wirt in ein kleines Nebenzimmer, und dort lagen 62 Bibeln auf dem Tisch, neu und liegengelassen!"

Liebe Gemeinde, so machen es leider viele Menschen mit ihrer Taufe: Ihren Namen nehmen sie ernst und wichtig, halten ihn in Ehren und rahmen ihn ein. Aber Gottes Namen und sein Wort lassen sie als Ballast liegen.

Gottes Name und unser Name gehören seit unserer Taufe zusammen, aber viele Menschen reißen sie auseinander. Sie nehmen ihre Seite mit und wollen den Segen Gottes für ihr Leben. Aber Gottes Namen, seinen Willen und sein Wort lassen sie unbeachtet. Das Leben wird im eigenen Namen gelebt und nicht im Namen Gottes geführt und gestaltet.

Was aber geschieht, wenn ich in eine Lebenskrise gerate? Auch für gläubige Christen ist die Taufe ja nicht so etwas wie eine Art „Schluckimpfung", die uns vor allen Problemen dieses Lebens bewahrt. Wohin soll ich mich wenden, wenn ich nicht mehr weiter weiß? Wo liegt denn – im übertragenen Sinne – nur mein Sparbuch, das meine Eltern für mich angelegt haben? Ach du liebe Güte: Ich habe mein Konto ja total überzogen. Damit kann ich ja unmöglich zu Gott kommen.

Liebe Gemeinde, viele Menschen denken so. Sie schämen sich, in ihrer Not zu Gott zu gehen, weil sie in den guten Tagen ihres Lebens auch nicht nach ihm gefragt haben.

Aber hier hinkt nun – Gott sei Dank – der Vergleich mit dem Sparbuch etwas, den ich eben gemacht habe. Dass wir getauft sind, dass wir ein Heimatrecht bei Gott haben: Das kann uns niemand nehmen – nicht einmal wir selber. Egal wie weit wir uns verlaufen haben, selbst wenn unser Name solch einen Klang bekommen haben sollte wie Dieter Zurwehme oder Gudrun Enzlin: Wir dürfen zu Gott zurückkehren.

Aber wir müssen uns dann eben auch endlich selbst auf die Strümpfe machen und den Kontakt mit Gott suchen – so wie der verlorene Sohn, der ja schon bei den Schweinen gelandet war. Wir dürfen uns jederzeit flüchten zu dem Namen Jesus Christus.

Die Tür zum Vater steht offen. Hier finden wir Vergebung und Trost. Jesus hat uns den Weg frei gemacht, nichts und niemand kann uns hindern – außer unser eigener Stolz. Deshalb sagt Jesus bei seinem Abschied zu seinen Jüngern:

„Mir ist gegeben alle Gewalt im Himmel und auf Erden."

(Matthäus 28, 18)

Und für uns alle gilt seine Zusage:

„Siehe, ich bin bei euch alle Tage bis an der Welt Ende."

Liebe Gemeinde, wir sind getauft! Unser Name ist verbunden mit dem Namen Gottes. Wir wollen uns in unserem Leben an den Namen Jesus Christus halten, dann steht unser Name im rechten Licht: Rita Bulla, Dorothea Mallas, Lennart Wytzisk, Reinhard Ellsel.

Amen.

Freuet euch im Herren allewege

EG 239 - Trauung

Freuet euch im Herren allewege!
   Abermals vernehmt es: Freuet euch!
   Daß er Hand in Hand zum Bund euch lege,
   neigt sich Gott zu euch vom Himmelreich.
   Eure Liebe, die euch hier verbindet,
   ist von seiner Liebeshuld verklärt.
   Wo in Gott der Mensch zum Menschen findet,
   ist der Segen stets noch eingekehrt.

Laßt die Lindigkeit, die ihr erfahren,
   kund sein allen Menschen, die ihr zählt.
   Kündet fortan von dem Wunderbaren,
   das in dieser Stunde euch beseelt.
   Euer Gott ist unter euch getreten!
   Segnend war er euren Herzen nah!
   Ja, in euren Taten und Gebeten
   sei bezeugt, was euch von ihm geschah.

Sorget nichts! Vielmehr in allen Dingen
   dürft ihr alles, was euch je bedrängt,
   in Gebet und Flehen vor ihn bringen,
   der als Vater hört, als König schenkt.
   Sorget nichts! Ihr kennt den Wundertäter!
   Er weiß alles, was ihr hofft und bangt!
   Der Mensch tritt vor Gott als rechter Beter,
   der im Bitten schon voll Freude dankt.

Und der Friede Gottes, welcher höher
als Vernunft und Erdenweisheit ist,
sei in eurem Bund euch täglich näher
und bewahre euch in Jesus Christ.
Er bewahre euer Herz und Sinne!
Gottes Friede sei euch zum Geleit!
Er sei mit euch heute zum Beginne;
er vollende euch in Ewigkeit!

Freut euch. Doch die Freude aller Frommen
kenne auch der Freude tiefsten Grund.
Gott wird einst in Christus wiederkommen!
Dann erfüllt sich erst der letzte Bund!
Er, der nah war, wird noch einmal nahen.
Seine Herrschaft wird ohn Ende sein.
Die sein Reich schon hier im Glauben sahen,
holt der König dann mit Ehren ein.

Liebes Ehepaar Klinkhardt, liebe Freunde und Verwandte des Goldenen Hochzeitpaars!

Am 20. 12. 1947 war manches anders als am heutigen Tag. Bitterkalt war es damals an dem Samstag vor fünfzig Jahren, an dem Sie sich in Itzehoe vor Gott und der Welt das Ja-Wort gaben. Geschenke gab's nicht viel, damals vor der Währungsreform: Erbsen im Glas, 2 Pfund Grütze, Lebensmittel halt. Aber ein Onkel war Bäckermeister und der hatte Torten gebacken. Und man stelle sich vor: Gefeiert wurde bis morgens um fünf – ohne einen Tropfen Alkohol.

Es war halt eine nüchterne Zeit damals – im doppelten Sinne. Aber auch fröhlich. Und nüchtern und zugleich fröhlich sind Sie, liebes Ehepaar Klinkhardt, während der fünfzig gemeinsamen Ehejahre geblieben.

Das Bibelwort, das ich heute zu Ihrer Goldenen Hochzeit auslegen möchte, ist auch durchzogen von dieser fröhlichen Nüchternheit.

„Freuet euch in dem Herrn allewege, und abermals sage ich: Freuet euch!
Eure Güte lasst kundsein allen Menschen! Der Herr ist nahe!
Sorgt euch um nichts, sondern in allen Dingen lasst eure Bitten in Gebet und Flehen mit Danksagung vor Gott kundwerden!
Und der Friede Gottes, der höher ist als alle Vernunft, bewahre eure Herzen und Sinne in Christus Jesus.*"*

(Philipper 4, 4–7)

Diese wunderbaren Worte hat der Apostel Paulus übrigens im Gefängnis geschrieben, wahrscheinlich in Ephesus. Ich frage mich: Woher nimmt der nur in solch einer ungewissen Situation die Kraft, anderen Mut zu machen und zu schreiben:

„Freuet euch in dem Herrn allewege, und abermals sage ich: Freuet euch! Der Herr ist nahe!"

Entweder, so würden wir heute sagen, ist er nicht ganz dicht, oder er muss sich seiner Sache ganz sicher sein. Und steht es um zwei Menschen, die da in schwierigen Zeiten vor den Traualtar treten, nicht viel anders? Entweder sie sind nicht ganz dicht, oder sie müssen sich ihrer Sache ganz sicher sein. Ja, so ist es:

„Freuet euch in dem Herrn allewege, und abermals sage ich: Freuet euch! Der Herr ist nahe!"

Das ist übrigens auch der Spruch, der über dem morgigen 4. Advent steht. Die Hilfe des Herrn ist nahe. Seine Geburt steht in ein paar Tagen ins Haus. Seine Hilfe ist nahe dem gefangenen Apostel. Seine Hilfe ist nahe denen, die sich darauf einlassen, ein Leben lang als Mann und Frau zusammenzuhalten.

Der schlesische Liederdichter Jochen Klepper hat zu diesen
Worten des Paulus ein Hochzeitslied gedichtet. Es soll mir
bei der Ansprache ein bisschen helfen. Wir wollen daraus
nun die erste Strophe singen:

> Freuet euch im Herren allewege!   EG 239.1
> Abermals vernehmt es: Freuet euch!
> Daß er Hand in Hand zum Bund euch lege,
> neigt sich Gott zu euch vom Himmelreich.
> Eure Liebe, die euch hier verbindet,
> ist von seiner Liebeshuld verklärt.
> Wo in Gott der Mensch zum Menschen findet,
> ist der Segen stets noch eingekehrt.

*„Freuet euch im Herren allewege! Abermals vernehmt es:
Freuet euch! Daß er Hand in Hand zum Bund euch lege,
neigt sich Gott zu euch vom Himmelreich."* Ja, so war es
damals vor fünfzig Jahren. Gott hat sein großes „Ja!"
gesprochen zu Ihrem Ja-Wort, das Sie sich damals gaben.
Gott sagt „Ja!" zu unseren gemeinsamen Lebenswegen.
Wir brauchen sie nicht ohne seine Hilfe zu gehen. Und Gott
hat Ihre Lebenswege zusammengeführt.

Da kam eines Tages im Oktober 1946 eine junge Frau
freudestrahlend aus dem Büro der Firma Rohr & Bock nach
Hause: Ein Mann habe dort wegen Arbeit angefragt: „Der
hat Augen!"

Und der junge Mann, gerade glücklich aus englischer
Kriegsgefangenschaft freigekommen, geriet in eine neue
„Gefangenschaft".

Seine Heimat in Schlesien hatte er verloren, eine neue
Heimat hatte er in Norddeutschland gefunden. Und nüchtern und fröhlich gingen die beiden auf die Hochzeit zu.
Die Begründung der späteren Ehefrau: „Ich hatte ein Bett –
und er hatte keines." Wir singen jetzt die zweite Strophe:

Laßt die Lindigkeit, die ihr erfahren,   EG 239.2
kund sein allen Menschen, die ihr zählt.
Kündet fortan von dem Wunderbaren,
das in dieser Stunde euch beseelt.
Euer Gott ist unter euch getreten!
Segnend war er euren Herzen nah!
Ja, in euren Taten und Gebeten
sei bezeugt, was euch von ihm geschah.

Zwei Kinder wurden Ihnen in Itzehoe geboren. Dem Jungen folgte zur großen Freude gleich ein Mädchen. Damals wohnten Sie noch bei den Eltern. Und dann ging es allewege weiter mit Nüchternheit und Freude. 1951 endlich die erste eigene Wohnung. 38 Quadratmeter maß das eigene Reich für 35 Mark monatlich.

Berufliche Gründe führten Sie dann 1953 nach Avenwedde und 1960 in die Sennestadt. Der ehemalige Elektriker arbeitete zunächst als Kraftfahrer, dann als Mechaniker bei einer Strumpffabrik und seit 1957 bei Miele. Nur durch die Unterstützung der Frau war es möglich, die Meisterprüfung zu machen. Stolz sagt sie: „Fünfzig Jahre habe ich jeden Mittag gekocht. Wer kann das schon von sich sagen?" Wir singen jetzt die 3. Strophe:

Sorget nichts! Vielmehr in allen Dingen   EG 239.3
dürft ihr alles, was euch je bedrängt,
in Gebet und Flehen vor ihn bringen,
der als Vater hört, als König schenkt.
Sorget nichts! Ihr kennt den Wundertäter!
Er weiß alles, was ihr hofft und bangt!
Der Mensch tritt vor Gott als rechter Beter,
der im Bitten schon voll Freude dankt.

„*Sorget nichts!*" Das ist leichter gesagt als getan. Eine große Hilfe, mit den Sorgen und Nöten fertig zu werden, ist neben der eigenen Hände Arbeit das Gebet. Und Sorgen haben Sie von Anfang der Ehe an begleitet. Nicht alle waren nämlich damit einverstanden, dass der katholische Sohn eine evangelische Tochter heiratete.

Viele Verletzungen haben in den ersten Ehejahren stattgefunden. Aber, Sie haben zusammengehalten, und Gott stand zu Ihnen; Gott, der ja weder katholisch noch evangelisch ist. Und die beruflichen und finanziellen Sorgen liegen auch längst hinter Ihnen, wenn sie auch noch nicht vergessen sind. Gott ist unser großer Seelsorger. Seiner Seelsorge und Fürsorge dürfen wir uns Tag für Tag neu anvertrauen. Davon spricht auch die 4. Strophe. Und die wollen wir jetzt singen:

> Und der Friede Gottes, welcher höher   EG 239.4
> als Vernunft und Erdenweisheit ist,
> sei in eurem Bund euch täglich näher
> und bewahre euch in Jesus Christ.
> Er bewahre euer Herz und Sinne!
> Gottes Friede sei euch zum Geleit!
> Er sei mit euch heute zum Beginne;
> er vollende euch in Ewigkeit!

Wie geht es jetzt weiter mit dem gemeinsamen Lebensweg? Seit 1974 sind Sie schon wieder alleine. Ihre Kinder sind längst verheiratet. Eine Enkelin haben Sie und jetzt noch den Sausewind Florian als Urenkel. Schöne Reisen haben Sie unternommen, unter anderem nach Spanien und nach England.

„Junge Menschen leben von der Zukunft, ältere von der Erinnerung": Diese Weisheit stellt sich nun auch in Ihrem Leben ein. Und was alles haben Sie nicht gemeinsam erlebt!

Gesundheit für die nächsten Jahre ist ein großer Wunsch. Und ich wünsche Ihnen mit den Worten des Paulus noch dazu: „Er bewahre euer Herz und Sinne! Gottes Friede sei euch zum Geleit!"

Denn dass wir in Frieden auf unser Leben schauen können: Das ist ein großes Geschenk. Und dass wir mit festem Herzen und klarem Mut auf die Zukunft zugehen können, die auf uns zukommt: Das schenkt uns Gott. Denn das Beste kommt noch. Und davon handelt die 5. Strophe:

> Freut euch. Doch die Freude aller Frommen EG 239.5
> kenne auch der Freude tiefsten Grund.
> Gott wird einst in Christus wiederkommen!
> Dann erfüllt sich erst der letzte Bund!
> Er, der nah war, wird noch einmal nahen.
> Seine Herrschaft wird ohn Ende sein.
> Die sein Reich schon hier im Glauben sahen,
> holt der König dann mit Ehren ein.

Fröhlich und nüchtern haben Sie Ihre Ehe begonnen. Fröhlich und nüchtern haben Sie sie geführt – durch Gottes Gnade bis zu dem heutigen Tag. Fröhlich und nüchtern möchte ich diese Predigt schließen mit einem Witz. Er ist getragen von der Gewissheit: Das Beste kommt noch!

Also: Ein hochbetagtes christliches Ehepaar kommt in den Himmel. Ein Engel zeigt ihnen ihr neues Zuhause. Die beiden Alten kommen überhaupt nicht mehr aus dem Staunen heraus. Auf der Erde hatten sie ziemlich bescheiden und beengt gelebt. Und nun sehen sie das geräumige Haus mit dem schönen Garten, den Swimmingpool und die Sauna. Alles, was das Herz begehrt, ist dort vorhanden. Der Engel lässt die beiden sprachlos zurück und erst nach einer ganzen Weile finden sie ihre Worte wieder.

Da stößt der Mann seiner Frau etwas ärgerlich in die Seite und sagt: „Du immer mit deiner Sorge um die Gesundheit und den Knoblauchpillen. Wir hätten doch schon längst hier sein können!"

„Freuet euch in dem Herrn allewege, und abermals sage ich: Freuet euch! Der Herr ist nahe!" Amen.

Gott wohnt in einem Lichte

EG 379 – Angst und Vertrauen

Gott wohnt in einem Lichte,
  dem keiner nahen kann.
Von seinem Angesichte
  trennt uns der Sünde Bann.
Unsterblich und gewaltig
  ist unser Gott allein,
will König tausendfaltig,
  Herr aller Herren sein.

Und doch bleibt er nicht ferne,
  ist jedem von uns nah.
Ob er gleich Mond und Sterne
  und Sonnen werden sah,
mag er dich doch nicht missen
  in der Geschöpfe Schar,
will stündlich von dir wissen
  und zählt dir Tag und Jahr.

Auch deines Hauptes Haare
  sind wohl von ihm gezählt.
Er bleibt der Wunderbare,
  dem kein Geringstes fehlt.
Den keine Meere fassen
  und keiner Berge Grat,
hat selbst sein Reich verlassen,
  ist dir als Mensch genaht.

Er macht die Völker bangen
vor Welt- und Endgericht
und trägt nach dir Verlangen,
läßt auch den Ärmsten nicht.
Aus seinem Glanz und Lichte
tritt er in deine Nacht:
Und alles wird zunichte,
was dir so bange macht.

Nun darfst du in ihm leben
und bist nie mehr allein,
darfst in ihm atmen, weben
und immer bei ihm sein.
Den keiner je gesehen
noch künftig sehen kann,
will dir zur Seite gehen
und führt dich himmelan.

Ein Mann verspottet einen Jungen, der aus dem Kindergottesdienst kommt. „Ich gebe dir zehn Mark, wenn du mir sagst, wo Gott ist!", fordert er den Jungen heraus. Der antwortet: „Und ich gebe Ihnen hundert Mark, wenn Sie mir sagen, wo Gott nicht ist!"

Liebe Gemeinde, das ist die Frohe Botschaft, die wir heute zu Himmelfahrt bedenken wollen: Gott ist da! Mehr noch: Gott ist für uns da! Gott ist da – in seinem Sohn Jesus Christus.

Vor 2000 Jahren wurde Gott Mensch in dem kleinen Kind Jesus. In Jesus von Nazareth lebte Gott mitten unter uns auf dieser Erde und zeigte uns, dass er es unendlich gut meint mit uns Menschen. Am Kreuz von Golgatha ist Jesus für uns gestorben, für unsere Sünden. Am Ostermorgen ist Jesus von den Toten auferstanden, damit wir in seiner

Nachfolge das ewige Leben haben. Und dann ist Jesus
Christus nach vierzig Tagen *„aufgefahren in den Himmel"*
– wie wir es eben mit den Worten des Apostolischen Glaubensbekenntnisses bekannt haben: *„Er sitzt zur Rechten
Gottes, des allmächtigen Vaters."* *„Jesus Christus herrscht
als König"* (EG 123) haben wir eben gesungen.

Gott ist da. Gott ist für uns da – für uns alle. Wenn ich darüber nachdenke, komme ich aus dem Staunen nicht heraus.
Gott interessiert sich für meine persönlichen Sorgen und
Freuden, hier und jetzt. Und gleichzeitig liegt ihm meine
Nachbarin am Herzen wie sonst keinem Menschen. Und
gleichzeitig kümmert sich Gott um eine Familie in Tansa-
nia, die gerade ihr drittes Kind bekommt. Und gleichzeitig
hütet Gott den Schlaf eines Eskimos in Grönland. Und
gleichzeitig ist Gott bei einer alten Chinesin, die im Kreis
ihrer Familie stirbt.

Gott ist da. Gott ist für uns da – zu allen Zeiten und an allen
Orten. Ich staune über diese Tatsache immer wieder. Deshalb ist Jesus Christus in den Himmel aufgefahren, in die
unsichtbare Welt, damit er gleichzeitig bei allen Menschen
sein kann, die an ihn glauben.

Gott ist da. Gott ist für uns da! Der Dichter Jochen Klepper
bekennt in einem Gedicht, wie wichtig diese Tatsache für
ihn ist. Klepper schreibt (Tagebücher 24. 5. 1933):

> *„Ohne Gott bin ich ein Fisch am Strand,*
> *ohne Gott ein Tropfen in der Glut,*
> *ohne Gott bin ich ein Gras im Sand*
> *und ein Vogel, dessen Schwinge ruht.*
> *Wenn mich Gott bei meinem Namen ruft,*
> *bin ich Wasser, Feuer, Erde, Luft."*

In schwerer Zeit hat Jochen Klepper die helfende Gegen-
wart Gottes erfahren. Seine Gedichte und Lieder sprechen
davon.

Heute zu Himmelfahrt möchte ich mit Ihnen über das Klepper-Lied nachdenken: *„Gott wohnt in einem Lichte"*.

Jochen Klepper hat es am Abend des 10. Juli 1938 gedichtet – und zwar als ein „Geburtstagslied". Was kann man einem Geburtstagskind eigentlich Besseres sagen als: „Gott ist da. Gott ist für dich da!"?

Dass Gott mich in meinem Leben begleitet, das ist wesentlich wichtiger zu hören als „Hoch soll er leben – dreimal hoch!" Dass Jesus Christus zur Rechten Gottes, des allmächtigen Vaters, sitzt; dass er regiert: Das ist wesentlich wichtiger und wohltuender am heutigen Himmelfahrtstag zu bedenken, als diesen Tag als „Vatertag" zu begießen.

Dagegen nehmen uns nun die Tiefe und der Ernst der Worte Kleppers mit hinein in die Seelsorge und Fürsorge, mit der Gott uns umgibt:

> Gott wohnt in einem Lichte,   EG 379.1
> dem keiner nahen kann.
> Von seinem Angesichte
> trennt uns der Sünde Bann.
> Unsterblich und gewaltig
> ist unser Gott allein,
> will König tausendfaltig,
> Herr aller Herren sein.

In diesem Lied ist von Gott die Rede, wie er in Wahrheit ist: von Gott, der die Welt erschaffen hat; von Gott, der Sie und mich ins Leben gerufen hat und bis auf den heutigen Tag erhält. Gott, der Allmächtige, ist kein Popanz, den wir Menschen nach unserer Pfeife tanzen lassen könnten.

Das Gegenteil ist der Fall: Wir Menschen sind aufgrund unseres egoistischen Größenwahns unendlich weit von Gott entfernt. Das unterstreicht die 1. Strophe.

Die Lieder, die Jochen Klepper geschrieben hat, sind manchem vielleicht zu unbequem. Aber sie sind bis heute gültig, weil er mit Worten der Bibel dichtet. Klepper legt sich seine Gedanken über Gott nicht nach eigenem Gutdünken zurecht.

Vielmehr stützt er sich auf das Wort Gottes selbst, auf die Bibel. Die Worte der 1. Strophe sind mit Worten gedichtet, die der Apostel Paulus an seinen jungen Mitarbeiter Timotheus gerichtet hat. Paulus schreibt:

(Gott ist) „. . . *der Selige und allein Gewaltige, der König aller Könige und Herr aller Herren,*
der allein Unsterblichkeit hat, der da wohnt in einem Licht, zu dem niemand kommen kann, den kein Mensch gesehen hat noch sehen kann. Dem sei Ehre und ewige Macht! Amen." (1. Timotheus 6, 15–16)

Gott ist unsagbar heilig, ewig weit von uns entfernt. Von uns aus können wir Menschen uns überhaupt keine richtige Vorstellung von Gott machen. Könnten wir Gott sehen, müssten wir zerschmelzen wie ein Schneemann in der Glut der Sonne. Und doch – so bezeugt die Bibel – hat uns Gott unendlich lieb:

> Und doch bleibt er nicht ferne,   EG 379.2
>   ist jedem von uns nah.
> Ob er gleich Mond und Sterne
>   und Sonnen werden sah,
>   mag er dich doch nicht missen
>   in der Geschöpfe Schar,
>   will stündlich von dir wissen
>   und zählt dir Tag und Jahr.

Klepper dichtet hier und im Folgenden mit Worten aus der Apostelgeschichte. Paulus predigt in Athen auf dem Areopag:

„*Fürwahr, Gott ist nicht ferne von einem jeden unter uns. Denn in ihm leben, weben und sind wir.*" (Apostelgeschichte 17, 27–28)

Diese Predigt, die Paulus vor Heiden hält, nimmt Klepper auf, um damit sein „Geburtstagslied" zu dichten.

Vielleicht hat er bei dieser 2. Strophe besonders an seine jüdische Frau Hanni gedacht und an seine beiden Stieftöchter Brigitte und Renate. Als Juden leiden sie bitter unter den Hasskampagnen des Nazi-Regimes. Aber von dem allmächtigen Gott, dem Schöpfer Himmels und der Erde, gilt auch für sie: *„Mag er dich doch nicht missen in der Geschöpfe Schar, will stündlich von dir wissen und zählt dir Tag und Jahr."*

Dies ist eine wohltuende Aussage für Brigitte und Renate, die, wenn sie zum Beispiel in die Badeanstalt gehen wollen, die Schilder lesen: „Juden unerwünscht!" Durch seine Ehe mit der Witwe Hanni Stein wird auch der junge Schriftsteller Klepper seit Jahren an den Rand der Gesellschaft gedrängt. Seine Ehe wird als so genannte „Rassenschande" gebrandmarkt. Der politische Druck nimmt immer mehr zu.

Auch in der 3. Strophe dichtet Klepper mit Worten der Bibel. Er nimmt Bezug auf Worte von Jesus, der seinen Jüngern Mut macht, kommende Anfeindungen zu überstehen.

Jesus Christus spricht:

„Kauft man nicht zwei Sperlinge für einen Groschen? Dennoch fällt keiner von ihnen auf die Erde ohne euren Vater. Nun aber sind auch eure Haare auf dem Haupt alle gezählt. Darum fürchtet euch nicht; ihr seid besser als viele Sperlinge." (Matthäus 10, 29–31)

Auch deines Hauptes Haare   EG 379.3
sind wohl von ihm gezählt.
Er bleibt der Wunderbare,
dem kein Geringstes fehlt.
Den keine Meere fassen
und keiner Berge Grat,
hat selbst sein Reich verlassen,
ist dir als Mensch genaht.

Diese Strophe besingt grundsätzlich das Wunder der Menschwerdung Gottes. Gott bleibt in seiner Liebe zu uns Menschen nicht allein. Aus Liebe durchbricht er die Schranke, die uns von Gott trennt. Er kommt zu uns in seinem Sohn Jesus Christus.

Die nächste Strophe macht deutlich, dass Gott nicht zu uns kommt, um uns zu richten. Angst vor Welt- und Endgericht haben die Völker, die Gott nicht kennen. Angst vor Welt- und Endgericht muss auch das so genannte „Dritte Reich" haben, das Gott und seine Liebe zu allen Menschen verleugnet. Für diejenigen aber, die an Jesus Christus glauben, gilt: Gott kommt, um uns aufzurichten, Mut zu machen, zu helfen:

„Und alles wird zunichte, was dir so bange macht."

Er macht die Völker bangen   EG 379.4
vor Welt- und Endgericht
und trägt nach dir Verlangen,
läßt auch den Ärmsten nicht.
Aus seinem Glanz und Lichte
tritt er in deine Nacht:
Und alles wird zunichte,
was dir so bange macht.

Gott ist da. Gott ist für uns da. Zu Himmelfahrt hat Jesus seinen irdischen Lebenslauf vollendet. Er sitzt nun auf dem

Thron Gottes und wir dürfen wissen, dass Gott es unendlich gut mit uns meint. Gott ist für uns kein unbekanntes Schicksal mehr. Vielmehr begleitet er uns als der *„gute Hirte"* (Johannes 10, 11). Und er bringt uns sicher ans Ziel – so, wie es Jesus Christus seinen Jüngern zugesagt hat:

„Wenn ich erhöht werde von der Erde, so will ich alle zu mir ziehen. " (Johannes 12, 32)

> Nun darfst du in ihm leben   EG 379.5
> und bist nie mehr allein,
> darfst in ihm atmen, weben
> und immer bei ihm sein.
> Den keiner je gesehen
> noch künftig sehen kann,
> will dir zur Seite gehen
> und führt dich himmelan.

Gott ist da. Gott ist für dich da! Vielleicht ist Ihnen aufgefallen, wie oft in diesen Strophen die 2. Person Singular gebraucht wird: *„dich"* – *„dir"* – *„dein"* – *„du"*. Gott spricht uns an! Gott kennt uns beim Namen! Gott begleitet uns in Liebe. Das ist die Frohe Botschaft von Himmelfahrt: Gott ist bei dir und bei mir! – um Jesu Christi willen. Seine Liebe gibt uns Raum und Atem zum Leben.

Jochen Klepper hat Recht:

> *„Ohne Gott bin ich ein Fisch am Strand,*
> *ohne Gott ein Tropfen in der Glut,*
> *ohne Gott bin ich ein Gras im Sand*
> *und ein Vogel, dessen Schwinge ruht.*
> *Wenn mich Gott bei meinem Namen ruft,*
> *bin ich Wasser, Feuer, Erde, Luft. "*

Amen.

Ja, ich will euch tragen

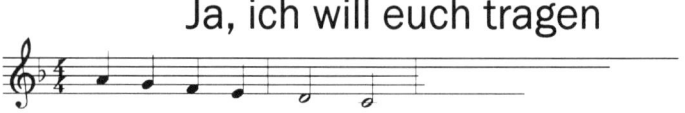

EG 380 – Angst und Vertrauen

Ja, ich will euch tragen
bis zum Alter hin.
Und ihr sollt einst sagen,
daß ich gnädig bin.

Ihr sollt nicht ergrauen,
ohne daß ich's weiß,
müßt dem Vater trauen,
Kinder sein als Greis.

Ist mein Wort gegeben,
will ich es auch tun,
will euch milde heben:
Ihr dürft stille ruhn.

Stets will ich euch tragen
recht nach Retterart.
Wer sah mich versagen,
wo gebetet ward?

Denkt der vor'gen Zeiten,
wie, der Väter Schar
voller Huld zu leiten,
ich am Werke war.

Denkt der frühern Jahre,
wie auf eurem Pfad
euch das Wunderbare
immer noch genaht.

Laßt nun euer Fragen,
Hilfe ist genug.
Ja, ich will euch tragen,
wie ich immer trug.

Das neue Jahr 2000 liegt vor uns. Was halten die 366 Tage des neuen Jahres alles für uns bereit – an Herausforderungen und Mühen, an Freude und Glück? Wir wissen es nicht!

Sicher, die einen haben ihren Urlaub schon geplant und wissen, wohin in diesen Tagen die Reise gehen wird. Andere freuen sich auf die Olympischen Spiele, andere auf die Fußball-Europameisterschaft. Die Weltausstellung EXPO 2000 wird in Hannover eröffnet. Im März startet auch in unserer Gemeinde die Evangelistische Aktion ProChrist-2000.

Aber wie es uns im Einzelnen ergehen wird, das wissen wir nicht. Die einen sagen: „Die Zukunft steht in den Sternen!" Andere zucken mit den Schultern und drücken damit aus, dass es sinnlos ist, in die Zukunft schauen zu wollen.

Und was machen wir Christen? Nun, wir sagen: „Die Zukunft steht in Gottes Hand. Meine Zukunft ist gehalten und getragen von dem lebendigen Gott, zu dem ich vertrauensvoll ‚du!' sagen darf." *„Meine Zeit steht in deinen Händen."* (Psalm 31, 16)

Ich möchte heute Morgen mit Ihnen über ein Lied von Jochen Klepper nachdenken. Sein Silvesterlied *„Ja, ich* *will euch tragen bis zum Alter hin"* entfaltet Gottes Zusage an uns, dass er uns auch durch das neue Jahr mit seiner Hilfe und Fürsorge begleiten wird.

Dieses Lied spricht eine klare und mutmachende Sprache. Es macht Mut, die kommenden 366 Tage getrost unter die Füße zu nehmen. Komme, was will: Gott begleitet mich mit seiner Hilfe und trägt mich durch alle Schwierigkeiten hindurch.

Ich las folgende Äußerung eines Zeitgenossen über dieses Klepper-Lied:

„In unser Altenheim kam neulich zum Jahresende ein Frauenchor. Er erfreute uns durch schöne Kirchengesänge. Besonders gefiel mir der Liedvortrag ‚Ja, ich will euch tragen' mit dem Text von Jochen Klepper. Ich habe ihn mir von einer freundlichen Helferin fotokopieren lassen. Nun hängt er über meinem Bett. Eigentlich könnte man dieses ‚Silvesterlied' jeden Tag hören, so tröstlich und wahr ist es." (Zitiert nach D. Block, S. 101.)

Jochen Klepper hat das „Silvesterlied" übrigens im Sommer geschrieben. Das bestätigt die Gedanken des Altenheimbewohners, dass dieses Lied eigentlich das ganze Jahr über aktuell ist. Ihre besondere Tragfähigkeit erhalten die sieben Strophen dadurch, dass Klepper dieses Lied mit Aussagen aus der Bibel gedichtet hat.

Die Aussagen des Liedes sind verankert in der Wirklichkeit Gottes, der zu uns spricht durch die Worte der Bibel – übrigens nicht nur durch das Neue Testament, wie es die so genannten „Deutschen Christen" während der Hitler-Zeit behaupteten, sondern natürlich auch durch das Alte Testament, die Bibel des Volkes Israel.

Eine Tagebucheintragung von Jochen Klepper macht deutlich, wie sehr er sich bei dem Schreiben dieses Liedes auf ein alttestamentliches Wort gestützt hat:

19. Juni 1938/Sonntag

*Ja, ich will euch tragen bis ins Alter und bis ihr grau wer-
det. Ich will es tun, ich will heben und tragen und erretten.*

(Jesaja 46, 4)

*„Dieser eine Tag ist wieder Sommer, wenn's auch im Hau-
se noch kühl ist. Der Himmel ist blau, nachdem der Morgen noch zwischen Grau und Bläue wechselte; die Sonne
scheint stark, doch ohne Schwere; ein zarter Wind geht;
alles Grün des nun dicht belaubten Gartens leuchtet.*

*In Mariendorf zu einer besonders guten Predigt von Kurz-
reiter über Jesaja 46, 4 mit meinem lieben Liede ‚Sollt' ich
meinem Gott nicht singen?' Bei der Heimkehr das Geläut
und Choralsingen von der Fronleichnamsprozession in der
Johanniskapelle und im Leinewebergarten über unserem
Garten.*

*Ich schrieb ein Silvesterlied über Jesaja 46, 4 und 5. Mose
32, 7."*

Diese Tagebucheintragung macht deutlich, wie viele andere
von Jochen Klepper auch, dass der junge Schriftsteller in
bedrängter Zeit viel Kraft in der Schöpfung und im Wort
Gottes gesucht und gefunden hat.

Wegen seiner Ehe mit der Jüdin Hanni Stein wurde der 35-
jährige durch das nationalsozialistische Regime zusehends
in seinem Wirkungskreis eingeschränkt und ausgegrenzt.

Mit Sicherheit sind aber gerade deshalb Kleppers Lieder
bis heute so aussagekräftig und trostreich, weil sich in
ihnen widerspiegelt, wie sehr sich hier ein fast am Boden
zerstörter Mensch in Gottes Wirklichkeit hineingestellt hat.
Hier hat er neue Kraft und neuen Mut für das nötige Tage-
werk bekommen. So schrieb Klepper 14 Tage zuvor in sein
Tagebuch (5. Juni 1938):

*„Nach neuen Kirchenliedern ist immer wieder der Friede,
der im Herzen immer herrscht, auch in den Sinnen und
Nerven."*

Klepper hat in und mit den Worten der Bibel gelebt. Wenn ihm ein Kirchenlied geglückt ist, dann hat er seine eigene Schaffenskraft mit der Kraft des Gotteswortes verbinden können. Dies schenkte ihm in aller Bedrängnis das Gefühl umfassender Zufriedenheit.

Ich möchte nun mit Ihnen die einzelnen Verse des Klepper-Liedes bedenken:

> Ja, ich will euch tragen   EG 380.1
> bis zum Alter hin.
> Und ihr sollt einst sagen,
> daß ich gnädig bin.

„Und ihr sollt einst sagen, daß ich gnädig bin." In diesem Halbvers spiegelt sich die persönliche Not und Frage des Dichters wider: „Halte ich durch in dieser Zeit, die voller Hass auf mein Schaffen und meine Ehe reagiert?" – „Werden sich die dunklen Wolken, die sich über dem Deutschen Volk und meinem Leben zusammenbrauen, wieder verziehen?"

Wie gesagt: Klepper hat auf diese Fragen Antwort gefunden in einem Vers aus dem 46. Kapitel des Propheten Jesaja. Pastor Kurzreiter hatte im Gottesdienst darüber gepredigt:

„Ja, ich will euch tragen bis ins Alter und bis ihr grau werdet. Ich will es tun, ich will heben und tragen und erretten." (Jesaja 46, 4; alte Lutherübersetzung)

Wer das 46. Kapitel des Jesajabuches liest, dem fällt auf, dass Gott seinem Volk in babylonischer Gefangenschaft durch seinen Propheten sagen lässt: „Vertraut nicht den Götzen der Babylonier. Setzt euer Vertrauen auf mich!" Die Götzenbilder wurden nach babylonischer Sitte über die Prachtstraßen getragen – ähnlich wie bei einem Karnevalsumzug.

„Was sind das denn für ‚Götter'?", fragt der Prophet: „Sie werden von Menschen gemacht und getragen. Sie können gar nicht helfen. Euch aber trägt der lebendige Gott!"

Lassen Sie uns, liebe Gemeinde, danach ehrlich fragen: „Was trägt uns wirklich?" Zu Kleppers Zeiten waren die Alternativen: die Nazi-Ideologie oder Gottes Wahrheit. Heute müssen wir anders fragen: „Trägt uns die Ideologie der Ewig-Jungen und Ewig-Erfolgreichen? Trägt uns der ‚DAX'? Trägt uns unser Egoismus und Individualismus?"

Mit der zweiten Strophe macht Klepper deutlich, dass Gott allein es ist, der unser Leben kennt und trägt.

> Ihr sollt nicht ergrauen,   EG 380.2
>   ohne daß ich's weiß,
>   müßt dem Vater trauen,
>   Kinder sein als Greis.

Hier befindet sich Klepper auf neutestamentlichem Boden. Um Jesu Christi Willen dürfen wir zu Gott ein Verhältnis haben wie zu unseren Eltern. Gott ist unser Vater. Ihm sollen wir Vertrauen schenken wie ein Kind. Er hält unser Leben in seiner Hand. Neben anderen Stellen aus dem Matthäusevangelium (Matthäus 5, 33–37; 6, 9; 18; 1–5) stand Klepper für die Formulierung dieses Verses auch folgendes Jesus-Wort zur Verfügung:

„Kauft man nicht zwei Sperlinge für einen Groschen? Dennoch fällt keiner von ihnen auf die Erde ohne euren Vater. Nun aber sind auch eure Haare auf dem Haupt alle gezählt. Darum fürchtet euch nicht; ihr seid besser als viele Sperlinge." (Matthäus 10, 29–31)

Auch die dritte Strophe spricht von Gottes Treue und Fürsorge.

Ist mein Wort gegeben,   EG 380.3
will ich es auch tun,
will euch milde heben:
ihr dürft stille ruhn.

Gott steht zu seinem Wort. Hier hat Klepper wieder mit
Worten aus dem 46. Kapitel des Jesajabuches gedichtet.
Dort spricht Gott:

*„Ich habe von Anfang an verkündigt, was hernach kommen
soll, und vorzeiten, was noch nicht geschehen ist. Ich sage:
Was ich beschlossen habe, geschieht, und alles, was ich
mir vorgenommen habe, das tue ich.“* (Jesaja 46, 10)

Stets will ich euch tragen   EG 380.4
recht nach Retterart.
Wer sah mich versagen,
wo gebetet ward?

Mit der vierten Strophe sind wir in der Mitte des Liedes.
Sie nimmt das Motiv der ersten Strophe auf: Gott will uns
tragen. In der siebten Strophe wird diese Aussage noch
einmal gebracht. Dreimal also hören wir in dem Lied Gottes Zusage: *„Ich will euch tragen!“*

Was bleibt uns dann noch zu tun – zum Beispiel auf unserem Weg durch das neue Jahr? Bringt Gott uns quasi
„automatisch“ durch alle Schwierigkeiten hindurch? Natürlich nicht! Es geht darum, dass wir aktiv zu Gott in einer
lebendigen Beziehung stehen.

Die vierte Strophe fordert uns auf, regelmäßig zu beten.
Die zweite Strophe lädt uns ein, Gott rückhaltlos zu vertrauen. Die dritte Strophe zeigt uns als Frucht dieses Ver-
trauens, dass wir dann auch die Dinge gelassen hinnehmen
können, die wir doch nicht zu ändern vermögen.

Die fünfte und sechste Strophe fordern uns nun dazu auf,
unseren Verstand zu gebrauchen. Wir sollen sehen, was

Gott bisher Gutes getan hat in der Geschichte der Menschen, die vor uns lebten und eben auch in unserem eigenen Leben.

> Denkt der vor'gen Zeiten,   EG 380.5-6
> wie, der Väter Schar
> voller Huld zu leiten,
> ich am Werke war.
>
> Denkt der frühern Jahre,
> wie auf eurem Pfad
> euch das Wunderbare
> immer noch genaht.

Auch bei diesen beiden Strophen stehen Bibelverse im Hintergrund (2. Mose 1–20; 5. Mose 32, 7; Psalm 77, 12; Jesaja 46, 9). Das Volk Israel hat Gottes Hilfe immer wieder erfahren – besonders bei dem Auszug aus Ägypten.

Und auch für uns ist es eine große Hilfe, in Phasen, wo wir den Überblick verlieren; wo wir nicht wissen, wie es weitergehen soll – auch für uns ist es eine Hilfe, wenn wir uns dann vielleicht einmal ein Geschichtsbuch nehmen und sehen, vor welch riesigen Problemen die Menschen vor uns schon standen. Auch da ging es weiter. Auch da hat Gott geholfen.

Oder bedenken wir noch einmal das zurückliegende Jahr 1999: Wie oft haben wir da selbst Gottes wunderbare Hilfe an unserem eigenen Leibe erfahren! Mit Joachim Neander (EG 317, 2–3) gesagt:

Lobe den Herren, der alles so herrlich regieret, / der dich auf Adelers Fittichen sicher geführet, / der dich erhält, / wie es dir selber gefällt; / hast du nicht dieses verspüret? – In wieviel Not / hat nicht der gnädige Gott / über dir Flügel gebreitet!

Laßt nun eure Fragen,
   Hilfe ist genug.
   Ja, ich will euch tragen,
   wie ich immer trug.

Liebe Gemeinde, wir sind nun unterwegs im neuen Jahr 2000! Gott sagt „Ja!" zu uns – an jedem der 366 Tage, die vor uns liegen. *„Hilfe ist genug!"* Lassen Sie uns Tag für Tag „Ja!" sagen zu diesem treuen Gott!

Amen.

Er weckt mich alle Morgen

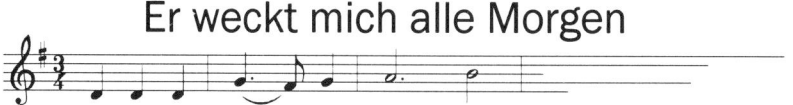

EG 452 - Morgen

Er weckt mich alle Morgen,
    er weckt mir selbst das Ohr.
    Gott hält sich nicht verborgen,
    führt mir den Tag empor,
    daß ich mit seinem Worte
    begrüß das neue Licht.
    Schon an der Dämmrung Pforte
    ist er mir nah und spricht.

Er spricht wie an dem Tage,
    da er die Welt erschuf.
    Da schweigen Angst und Klage;
    nichts gilt mehr als sein Ruf.
    Das Wort der ewgen Treue,
    die Gott uns Menschen schwört,
    erfahre ich aufs neue
    so, wie ein Jünger hört.

Er will, daß ich mich füge.
    Ich gehe nicht zurück.
    Hab nur in ihm Genüge,
    in seinem Wort mein Glück.
    Ich werde nicht zuschanden,
    wenn ich nur ihn vernehm.
    Gott löst mich aus den Banden.
    Gott macht mich ihm genehm.

Er ist mir täglich nahe
und spricht mich selbst gerecht.
Was ich von ihm empfahe,
gibt sonst kein Herr dem Knecht.
Wie wohl hat's hier der Sklave,
der Herr hält sich bereit,
daß er ihn aus dem Schlafe
zu seinem Dienst geleit.

Er will mich früh umhüllen
mit seinem Wort und Licht,
verheißen und erfüllen,
damit mir nichts gebricht;
will vollen Lohn mir zahlen,
fragt nicht, ob ich versag.
Sein Wort will helle strahlen,
wie dunkel auch der Tag.

Diesmal wollen wir uns besonders auf den Bibeltext konzentrieren, den Jochen Klepper in dem Morgenlied *„Er weckt mich alle Morgen"* in gelungener Weise in Verse umgegossen hat. Wer sich mit dem Geschick Kleppers befasst, dem wird deutlich, dass sich Klepper stark mit dem Geschick des Gottesknechtes identifiziert hat.

Beinahe hätten sie ihn zusammengeschlagen; ihn, den Knecht Gottes; ihn, der von Gott den Auftrag bekommen hatte, seinem Volk die Rückkehr in die Heimat anzusagen.

Fast hätten sie ihn völlig zusammengeschlagen: diesen Typen, der behauptete, Gott hätte seinem Volk angeblich verziehen; diesen Spinner, der davon redete, dass Gott es doch so gut mit ihnen meine. Das war Gotteslästerung! Und er musste froh sein, noch einmal mit einem blauen Auge davongekommen zu sein.

Wir befinden uns in dem Jahr 550 vor Christus. Weit entfernt von ihrer Heimat leben die deportierten Juden in babylonischer Gefangenschaft. Fast eine Generation ist es her, seit die Babylonier unter ihrem König Nebukadnezar das Volk Juda vernichtend geschlagen haben. Dem Erdboden gleichgemacht sind Jerusalem und der Tempel.

Jahrzehntelang hatten die Israeliten die Warnungen ihrer Propheten Jesaja und Jeremia in den Wind geschlagen. Nicht gehört hatten sie auf die Worte ihres Gottes, der mit dieser politischen Katastrophe gedroht hatte. Zerschlagen waren ihre Häuser, zerschlagen ihre Familien, zerschlagen ihre Hoffnungen; zerschlagen war ihr Glaube an Gott.

Und in dieser hoffnungslosen Situation tritt während des babylonischen Exils ein namenloser Prophet auf. „Deuterojesaja" ist der Name, den man ihm in der biblisch-theologischen Wissenschaft beigelegt hat.

Und dieser namenlose Prophet hat eine mutmachende Botschaft: Gott hat sein Volk nicht vergessen. Gott wendet sich den Israeliten wieder in Liebe zu. Gott will sein Volk zurückführen aus der Gefangenschaft.

Aber diese Worte klingen wie Hohn in den Ohren der Deportierten. Tief sitzt die Verbitterung in den Herzen der Zerschlagenen.

Und deshalb schlagen sie zu, als der Prophet verkündigt:

„Wie lieblich sind auf den Bergen die Füße der Freudenboten, die da Frieden verkünden, Gutes predigen, Heil verkündigen, die da sagen zu Zion: Dein Gott ist König!"

(Jesaja 52, 7)

Beinahe hätten sie ihn völlig zusammengeschlagen. Aber der Prophet hat noch einmal Glück gehabt. Die Babylonier haben mitbekommen, dass ein Tumult im Lager der Israeliten ausgebrochen ist. Sie wollen Ruhe und Ordnung. Selbstjustiz lehnen sie ab. Der Prophet wird als Unruhestifter ausgemacht und in Schutzhaft genommen. Für die kommenden Tage wird eine ordentliche Gerichtsverhandlung anberaumt.

So stelle ich mir die Situation vor, in die hinein der Predigttext für heute geschrieben ist: Der Prophet sitzt in babylonischem Gewahrsam und gibt sich Rechenschaft über seine Motive für seine Verkündigung. Er überschlägt seine Chancen für den anstehenden Prozess.

„Gott der HERR hat mir eine Zunge gegeben, wie sie Jünger haben, dass ich wisse, mit den Müden zu rechter Zeit zu reden. Alle Morgen weckt er mir das Ohr, dass ich höre, wie Jünger hören.
Gott der HERR hat mir das Ohr geöffnet. Und ich bin nicht ungehorsam und weiche nicht zurück.
Ich bot meinen Rücken dar denen, die mich schlugen, und meine Wangen denen, die mich rauften. Mein Angesicht verbarg ich nicht vor Schmach und Speichel.
Aber Gott der HERR hilft mir, darum werde ich nicht zuschanden. Darum hab ich mein Angesicht hart gemacht wie einen Kieselstein; denn ich weiß, dass ich nicht zuschanden werde.
Er ist nahe, der mich gerecht spricht; wer will mit mir rechten? Lasst uns zusammen vortreten! Wer will mein Recht anfechten? Der komme her zu mir!
Siehe, Gott der HERR hilft mir; wer will mich verdammen? Siehe, sie alle werden wie Kleider zerfallen, die die Motten fressen." (Jesaja 50, 4–9)

Der gefangen gesetzte Prophet ist sich überraschend sicher, dass er den anstehenden Prozess gewinnen wird; dass er seine verbitterten Volksgenossen doch noch von der Liebe Gottes überzeugen kann. Von den Argumenten derer, die seine Botschaft anfechten, sagt er siegesgewiss:

„Siehe, sie alle werden wie Kleider zerfallen, die die Motten fressen."

Der angefochtene Prophet rechnet fest damit, dass ihn sein Auftraggeber, also Gott, nicht im Stich lassen wird. Zweimal lesen wir von ihm den Satz: *„Gott der HERR hilft mir."* Der Prophet vertraut also nicht auf seine eigene Kraft, nicht auf seine Redekunst und seine eigenen Argumente. Damit würde er auch nicht weit kommen. Die Verbitterung der Israeliten ist so groß, ihre Zweifel und Anfragen an Gott so gewaltig, dass er von sich aus kaum die richtigen Worte finden könnte, um *„mit den Müden zur rechten Zeit zu reden".*

Nur weil Gott selbst ihm das Ohr geöffnet hat, weil Gott selbst ihm seine Worte ins Herz gepflanzt hat, deshalb kann der Prophet darauf vertrauen, dass er Zugang zu den zerschlagenen Herzen seiner Volksgenossen findet.

Nur, weil er selbst hört, wie ein Jünger hört, deshalb kann er den Samen der Hoffnung in die Herzen der Israeliten ausstreuen. Von sich aus könnte er es nicht: Er ist ja genauso mitbetroffen von der politischen und religiösen Katastrophe wie seine Volksgenossen. Er ist ja genauso in Mitleidenschaft gezogen von der Grausamkeit der Babylonier und dem Elend der Deportation.

Wie gesagt, wir wissen nicht viel von diesem Propheten im babylonischen Exil, dessen Worte uns in den Kapiteln 40 bis 55 des Jesajabuches überliefert sind. Wir kennen nicht einmal seinen Namen.

Aber wir wissen, dass er mit seiner Botschaft Recht behalten hat. Schon einige Jahre später konnten die ersten Deportierten in ihre Heimat Israel zurückkehren.

Und hier, im heutigen Predigttext, erfahren wir, was seine eigentliche Stärke ist; woher er die Kraft nimmt, den schwersten Anfechtungen zu widerstehen. Seine Kraftquelle ist das Hören auf das Wort Gottes.

Mit Jochen Kleppers Morgenlied können auch wir uns in dieselbe Schule wie dieser namenlose Prophet begeben:

Er weckt mich alle Morgen,   EG 452.1-2
er weckt mir selbst das Ohr.
Gott hält sich nicht verborgen,
führt mir den Tag empor,
daß ich mit seinem Worte
begrüß das neue Licht.
Schon an der Dämmrung Pforte
ist er mir nah und spricht.

Er spricht wie an dem Tage,
da er die Welt erschuf.
Da schweigen Angst und Klage;
nichts gilt mehr als sein Ruf.
Das Wort der ewgen Treue,
die Gott uns Menschen schwört,
erfahre ich aufs neue
so, wie ein Jünger hört.

Aber, wie macht man das: Hören, wie ein Jünger hört? Eine sprachliche Beobachtung hilft uns da weiter. Das Wort „Jünger" steht im Alten und im Neuen Testament immer da, wo man genauer mit „Lernender" übersetzen könnte.

Das heißt: Wer Gottes Wort richtig hören will, der muss sich eingestehen, dass er ein Lernender ist. Wir haben die Wahrheit nicht für uns gepachtet – schon gar nicht vor Gott. Deshalb sollen wir bereit sein, täglich von Gott zu lernen. Und das ist manchmal mühsam und ernüchternd.

Da kann man beispielsweise urplötzlich aus lieb gewonnenen Gedanken herausgerissen werden, weil man erkennt, dass Gott ganz andere Pfade für einen vorgesehen hat, als man bisher dachte.

Als Lernende müssen wir uns und Gott eingestehen, dass Gott uns immer voraus ist und wir ihm ständig hinterherhinken. Als aufrichtig Lernende werden wir erkennen, dass Gott immer weiter sieht als wir.

Das ist manchmal tröstlich, wenn wir uns in unseren engen Perspektiven festgefahren haben. Das ist manchmal unbequem, wenn wir im Lichte Gottes zugeben müssen, dass auch andere Meinungen gar nicht so falsch sind, gegen die wir mit unserer Dickköpfigkeit Sturm laufen.

Es ist schon ein paar Jahre her, dass ich das 2. Theologische Examen bestanden habe und damit meine theologische Ausbildung erfolgreich abschließen konnte. Aber, ein „Student der Theologie" – einer, der von Gottes Worten lernt, werde ich doch mein Leben lang bleiben. Wenn ich in den Evangelien lese, schreckt es mich immer wieder auf, dass Jesus so hart mit den Schriftgelehrten und Pharisäern zur Sache gehen muss. „Schriftgelehrter": Das bin ja auch ich. Und die Frage lautet für mich: Lasse ich mich von Gott gebrauchen oder versuche ich nur, Gott vor meinen eigenen Karren zu spannen?

Hören wir Gottes Wort, wie es Jünger beziehungsweise Lernende tun? Das ist auch die Frage, an der sich die Zukunft unserer Kirche entscheidet. Das war übrigens auch die Erkenntnis des jungen Martin Luther, der wusste, dass eine Reformation der Kirche nur durch ein echtes Hören auf Gottes Wort stattfinden kann.

Das Zweite, was wir von dem Propheten lernen können, ist: Es lohnt sich, zu kämpfen. Klepper drückt es so aus:

> Er will, daß ich mich füge.   EG 452.3
> Ich gehe nicht zurück.
> Hab nur in ihm Genüge,
> in seinem Wort mein Glück.
> Ich werde nicht zuschanden,
> wenn ich nur ihn vernehm.
> Gott löst mich aus den Banden.
> Gott macht mich ihm genehm.

Der gefangen gesetzte Prophet ist von der Zuversicht erfüllt: *„Gott der HERR hilft mir."* Deshalb hat er letztlich
den Rücken frei. Er braucht nicht mit seinem eigenen Leben zu kämpfen wie die anderen; mit der Resignation über
sein eigenes Schicksal. Er kann sein Leben kämpfend gestalten – für die anderen.

Der Prophet hat den Auftrag Gottes angenommen. Und er
hat erfahren, dass es alles andere als leicht ist, die Frohe
Botschaft auszurichten. In unserem Predigttext heißt es:
*„Ich habe mein Angesicht hart gemacht wie einen Kiesel-
stein."*

Sich von dem Wort Gottes beschenken zu lassen, das ist
das eine. Dazu gehört aber auch, sich aktiv mit dem Evan-
gelium einzusetzen gegen den Sturm des Zeitgeistes und
den zähen Strom der Trägheit. Jesus hat einmal gesagt:
*„Wenn dich jemand auf deine rechte Backe schlägt, dann
halte ihm auch noch die andere hin."* (Matthäus 5, 39)

Auch die andere Backe hinhalten: Das ist keine schwäch-
liche und reaktionslahme Geste. Hier wird vielmehr eine
aktive Standhaftigkeit im Sinne des Evangeliums prakti-
ziert. Selbst bei Gewaltanwendung lassen wir uns nicht von
dem Weg des Reiches Gottes abbringen. Selbst bei Gewaltanwendung verzichten wir darauf, mit Boshaftigkeit zu-
rückzuschlagen.

Und da ist es als Selbstschutz schon wichtig, sein Angesicht hart zu machen wie einen Kieselstein. Unsere Herzen
aber sollen wir nicht verhärten. Denn der Kampf, in den
wir täglich gestellt sind, ist der Kampf der Liebe. Dieser
Kampf ist der einzige, den es sich wirklich zu kämpfen
lohnt. Er steht unter der Verheißung: *„Gott der HERR hilft
mir."*

Klepper hat diesen Gedanken auf Gottes Begleitung für den
ganzen Tag ausgelegt:

Er ist mir täglich nahe   EG 452.4
und spricht mich selbst gerecht.
Was ich von ihm empfahe,
gibt sonst kein Herr dem Knecht.
Wie wohl hat's hier der Sklave,
der Herr hält sich bereit,
daß er ihn aus dem Schlafe
zu seinem Dienst geleit.

Nun wollen wir uns heute mit Blick auf unseren Kampf der Liebe allerdings auch nichts vormachen: Trotz guten Willens geht da doch auch einiges daneben. Wer kann das denn schon: Immer die eigenen Enttäuschungen und Verletzungen überwinden, um selbst auf verletzende Worte oder gar Taten zu verzichten? Wie können wir den Müden zur rechten Zeit ein mutmachendes Wort weitersagen, wenn wir selbst müde, überfordert und mutlos sind?

Das sind für mich die schmerzlichsten Niederlagen, wo ich an meiner eigenen Unzulänglichkeit scheitere. Und ich muss zugeben: Von mir aus habe ich nicht solch eine Zuversicht wie der Prophet, dass ich im Gericht auf Grund meiner Worte und Taten bestehen könnte.

Aber, wenn wir genau hinsehen, dann tut das der Prophet ja auch nicht. Er sagt vielmehr: *„Gott der HERR hilft mir."* Auch der namenlose Prophet vertraut also nicht auf seine eigene Rechtschaffenheit, sondern er vertraut auf den Beistand Gottes.

Gott ist seine Stärke – auch in der Niederlage. Und wir Christen können sagen: Jesus Christus ist unser Beistand, unsere Hilfe und Stärke – auch in der Niederlage. Jesus ist der eine, der die Worte des namenlosen Propheten erfüllt hat. Jesus ist es, der den Kampf der Liebe glaubwürdig gekämpft hat. Er ist es, der am Kreuz sein Gesicht unter Schmerzen verhärtet hat – aber nicht sein Herz. Er ist es, der der wahre Jünger Gottes ist, der es versteht, mit den Müden zur rechten Zeit zu reden. Von ihm dürfen wir mit Klepper singen:

> Er will mich früh umhüllen   EG 452.5
>   mit seinem Wort und Licht,
>   verheißen und erfüllen,
>   damit mir nichts gebricht;
>   will vollen Lohn mir zahlen,
>   fragt nicht, ob ich versag.
>   Sein Wort will helle strahlen,
>   wie dunkel auch der Tag.

Amen.

Schon bricht des Tages Glanz hervor

EG 453 – Morgen

Schon bricht des Tages Glanz hervor.
　Voll Demut fleht zu Gott empor,
　daß, was auch diesen Tag geschieht,
　vor allem Unheil er behüt.

Er halte uns die Lippen rein;
　kein Hader darf uns heut entzwein.
　Er mache unser Auge frei
　und zeige, was da eitel sei.

Ringt um des Herzens Lauterkeit!
　Legt ab des Herzens Härtigkeit!
　Des Fleisches Hoffart beugt und brecht!
　Und Trank und Speise brauchet recht.

Auf daß, wenn dann die Sonne sinkt
　und Dunkel wieder uns umringt,
　wir ledig aller Last der Welt
　lobsingen dem im Sternenzelt.

Lob dem, der unser Vater ist,
　und seinem Sohne Jesus Christ,
　dem Geist auch, der uns Trost verleiht,
　vordem, jetzt und in Ewigkeit.

Amen.

Wie sind Sie heute Morgen aus dem Bett gekommen?
Haben Sie sich gefreut auf diesen Sonntag; auf diesen Gottesdienst; auf die Begegnungen, die heute auf Sie warten?
Oder sind Sie sozusagen „mit dem falschen Bein aufge-
standen"? Allen Morgenmuffeln hat Jürgen von der Lippe
mit einem humorigen Lied aus der Seele gesprochen:

*„Guten Morgen, liebe Sorgen! Seid ihr auch schon wieder
da? Habt ihr auch so gut geschlafen? Na, dann ist ja alles
klar!"*

Heute Morgen möchte ich mit Ihnen über die Bedeutung
des Morgens nachdenken. Was geschieht da eigentlich an
der Schwelle des neuen Tages, wenn nach der Nacht der
Morgen kommt?

Ein Morgenlied von Jochen Klepper soll uns dabei helfen.
Das Lied *„Schon bricht des Tages Glanz hervor"* schließt
uns das tägliche Wunder des neuen Morgens auf. Klepper
öffnet uns für die Sicht, dass am Morgen nicht nur die Sorgen mit aufstehen, sondern dass vor allem ein neuer Tag
vor uns liegt, den wir aus Gottes Hand nehmen und bewusst gestalten dürfen.

Über die fünf Strophen des Liedes möchte ich heute Morgen mit Ihnen nachdenken:

> Schon bricht des Tages Glanz hervor.   EG 453.1–5
> Voll Demut fleht zu Gott empor,
> daß, was auch diesen Tag geschieht,
> vor allem Unheil er behüt.
>
> Er halte uns die Lippen rein;
> kein Hader darf uns heut entzwein.
> Er mache unser Auge frei
> und zeige, was da eitel sei.

Ringt um des Herzens Lauterkeit!
Legt ab des Herzens Härtigkeit!
Des Fleisches Hoffart beugt und brecht!
Und Trank und Speise brauchet recht.

Auf daß, wenn dann die Sonne sinkt
und Dunkel wieder uns umringt,
wir ledig aller Last der Welt
lobsingen dem im Sternenzelt.

Lob dem, der unser Vater ist,
und seinem Sohne Jesus Christ,
dem Geist auch, der uns Trost verleiht,
vordem, jetzt und in Ewigkeit.

Amen.

Der Schriftsteller Jochen Klepper hat öfters über die Bedeutung des Morgens nachgedacht. Am bekanntesten ist sicher sein Morgenlied *„Er weckt mich alle Morgen ..."* Hier besingt Klepper, dass Gott selbst es ist, der den neuen Tag schenkt und uns in seiner Treue durch den Tag begleitet.

Er will mich früh umhüllen   EG 452, 5
mit seinem Wort und Licht,
verheißen und erfüllen,
damit mir nichts gebricht;
will vollen Lohn mir zahlen,
fragt nicht, ob ich versag.
Sein Wort will helle strahlen,
wie dunkel auch der Tag.

In einer Tagebucheintragung beschreibt Jochen Klepper, wie ihm jeden Morgen von Gott neue Lebenskraft zuströmt:

„Als junger Mensch ging man oft in großem Gefühlsrausch schlafen, und am Morgen war Aufruhr und Begeisterung ausgelöscht. Jetzt setzt das Herz und die Phantasie und die dauernd bauende künstlerische Energie am Morgen genau an dem Punkte ein, an dem der Vorabend eine Zäsur setzte.
Daß man eine Lebenskraft überhaupt hat, das müßte einen darüber hinwegtrösten, daß man nicht die doppelte Schulterbreite, etwas mehr Haare, eine andere Muskulatur und einen halben Kopf mehr Größe hat – und als müdes und gehetztes Wesen von wenig imponierender Statur durch die Welt gehen muß.
Aber diese eine Lebenskraft, die ich habe, die ist wohl sehr groß, da sie einen zu so heftigen Lebensäußerungen treibt, wie Bücher sie bedeuten. Ein Buch ist ja ein einziger Ruf: Das lebt! Ich lebe! Gott lebt!"

Jochen Klepper beschreibt hier, dass letztlich der lebendige Gott es ist, der ihm jeden Morgen neue Lebenskraft schenkt, die ihn – einen schwachen Menschen – dazu befähigt, sogar Bücher zu schreiben.

Gott ist der Geber des neuen Tages. Aus Gottes Ewigkeit fließt mir am Morgen ein neuer Tag zu, der am Abend wieder in Gottes Ewigkeit einmündet. Das ist die befreiende Dimension von Morgen und Abend: Gott schenkt uns jeden Tag einzeln.

Deshalb lehrt uns Jesus auch beten: *„Unser tägliches Brot gib uns heute."* (Matthäus 6, 11) Wir können und wir müssen nicht unser ganzes Leben auf einmal gestalten. Wir leben Tag für Tag aus Gottes Hand, aus seiner Ermutigung und aus seiner Vergebung. Wer gleichzeitig seine Vergangenheit und seine Zukunft bewältigen will, überlastet sich gnadenlos. Heute ist der einzige Tag, den ich wirklich gestalten kann.

So sagt es auch Jesus in der Bergpredigt:

„Darum sorgt nicht für morgen, denn der morgige Tag wird für das Seine sorgen. Es ist genug, dass jeder Tag seine eigene Plage hat. " (Matthäus 6, 34)

Diese Vorbemerkungen waren mir wichtig, damit wir das Morgenlied *„Schon bricht des Tages Glanz hervor"* richtig verstehen können. In seiner altertümlichen Weise mutet es nämlich sehr moralisierend an, zum Beispiel:

Ringt um des Herzens Lauterkeit!   EG 453.3
    Legt ab des Herzens Härtigkeit!
    Des Fleisches Hoffart beugt und brecht!
    Und Trank und Speise brauchet recht.

Wer mit diesen Worten geweckt wird, könnte denken: „Na, da lege ich mich doch besser gleich wieder hin!" Die Aussagen des Liedes stehen aber eindeutig unter dem Vorzeichen der Gnade Gottes. Es geht nicht darum, dass sich der Mensch durch solches Verhalten vor Gott als heilig erweisen könnte und damit sich selbst erlösen.

Vielmehr geht es darum, dass wir als bereits Erlöste unseren Tag bewusst gestalten. Schon am Morgen wollen wir uns auf das Wesentliche konzentrieren – auf das, was wirklich wichtig ist für unser Leben. Das Morgenlied ist ein indirektes Gebet zu Gott. Deshalb schließt es auch mit: *„Amen. "* Wir singen es jetzt noch einmal durch:

Schon bricht des Tages Glanz hervor.   EG 453.1-5
    Voll Demut fleht zu Gott empor,
    daß, was auch diesen Tag geschieht,
    vor allem Unheil er behüt.

Er halte uns die Lippen rein;
    kein Hader darf uns heut entzwein.
    Er mache unser Auge frei
    und zeige, was da eitel sei.

Ringt um des Herzens Lauterkeit!
   Legt ab des Herzens Härtigkeit!
   Des Fleisches Hoffart beugt und brecht!
   Und Trank und Speise brauchet recht.

Auf daß, wenn dann die Sonne sinkt
   und Dunkel wieder uns umringt,
   wir ledig aller Last der Welt
   lobsingen dem im Sternenzelt.

Lob dem, der unser Vater ist,
   und seinem Sohne Jesus Christ,
   dem Geist auch, der uns Trost verleiht,
   vordem, jetzt und in Ewigkeit.

Amen.

Dieses Lied mutet mit seiner Melodie und seiner Gedankenwelt recht klösterlich an. Bei dem Gesang könnte man meinen, hier in der Kirche hätten sich lauter Nonnen und Mönche versammelt, um in der Abgeschiedenheit von aller Welt in der Frühe das Morgenlob zu singen.

Und tatsächlich ist dieses Morgenlied von Klepper eine deutsche Umdichtung des lateinischen Hymnus „*Iam lucis orto sidere*" aus dem 9. Jahrhundert. Die Melodie stammt aus dem Kloster Einsiedeln aus dem 12. Jahrhundert. Jochen Klepper hat mit der Umdichtung ins Deutsche einer Bitte der evangelischen Jungmädchenverbände entsprochen.

Am 5. Juni 1939 – also kurz vor Ausbruch des Zweiten Weltkrieges – vermerkt Klepper die Entstehung des Liedes in seinem Tagebuch: „*Endlich wieder geschrieben! (Hanni sagt: Ein Tag ist schon nicht verloren, wenn du so etwas Schönes schreibst!)*"

Klepper weiß sich gerade mit diesem Lied von seiner jüdischen Frau Hanni zutiefst verstanden. Das Hitler-Regime drängt das Ehepaar Klepper immer mehr an den Rand der Gesellschaft und nimmt ihnen zusehends die Luft zum Atmen – wegen angeblicher „Rassenschande". Wo gibt es einen Zufluchtsort für das Ehepaar? Darüber diskutieren die Eheleute oft. So vermerkt Klepper in seinem Tagebuch (20. Juni 1938): *„Heute sagte Hanni wieder: ‚Wenn's doch Klöster für Ehepaare gäbe.'"* Die Sehnsucht der Familie Klepper, sich von der bedrohlichen Außenwelt abzuschotten, ist nur zu verständlich.

Heute geht vielen Menschen das „Getöse der Zeit" zunehmend auf die Nerven. Sie fühlen sich überflutet durch Funk, Fernsehen und Internet. Viele fürchten in einer Zeit, in der alles möglich und machbar scheint, um tragende Werte wie Familie, Nächstenliebe und Verlässlichkeit. Sie wollen ihre Ruhe haben und suchen nach der Mitte ihres Lebens.

Jochen Klepper beschreibt in seinem Morgenlied nun einen besonderen Zufluchtsort: Das Gebet zu Gott am Morgen und am Abend. Das Gebet ist so etwas wie ein Schlüssel am Morgen, der uns den Tag aufschließt, und ein Türriegel in der Nacht, der uns von den vielen Aufregungen und Anstrengungen ausruhen lässt. Entsprechend schlägt das Morgenlied einen weiten Bogen vom Morgen, der in der 1. Strophe besungen wird, bis zum Abend in der 4. Strophe. In der 5. Strophe schließlich mündet das Lied in das Lob Gottes.

Aus unserem eigenen Erleben wissen wir: Schon am Morgen wird die Weichenstellung für das Gelingen des gesamten Tages vollzogen. Klepper weiß, dass wir alle dazu eingeladen sind, uns beim Erwachen Gott anzubefehlen: Gott möge uns den Tag über vor allem Unheil bewahren.

Die Strophen 2 und 3 beschreiben nun, was wir Menschen

selbst dazu beitragen können, dass es in unserem täglichen Miteinander nicht drunter und drüber zugeht, sondern gerecht. Das meiste Unheil geht leider von uns Menschen selbst aus.

In Strophe 2 richtet sich zunächst die Bitte an Gott, dass er selbst uns mit seiner Liebe erleuchtet und uns hilft, den Tag nach seinen befreienden Maßstäben zu gestalten.

Die 3. Strophe erinnert uns an unsere Verantwortung für einen gelingenden Tag. Wir sind dazu aufgefordert, an uns selbst zu arbeiten.

Die 4. Strophe beschreibt das Ziel, das wir mit dem morgendlichen Gebet für den Verlauf des Tages anvisieren: Dass wir am Abend nach vollbrachter Arbeit unbelastet in das Lob Gottes einstimmen können.

Entsprechend endet das Lied mit einem Lob des dreieinigen Gottes, der unser Leben in seinen guten Händen hält – *„vordem, jetzt und in Ewigkeit"*. Das Lob Gottes: das ist die wichtigste Aufgabe in unserem Leben. Das ist befreiend. Es kommt nicht darauf an, dass ich großen Erfolg vorzuweisen habe oder dass ich viel Geld verdiene. Wichtig allein ist, dass mein tägliches Leben etwas zum Lobe Gottes darstellt. Das ist der Zielpunkt, den ich schon am Morgen in den Blick nehme.

Liebe Gemeinde, wie sind Sie heute Morgen aus dem Bett gekommen? So habe ich zu Anfang der Predigt gefragt. Egal ob wir schlecht oder gut aus den Federn gekommen sind, mit Sorgen beladen oder voller Vorfreude auf diesen neuen Tag:

Wir sind dazu eingeladen, auch diesen Tag einzeln aus der Hand Gottes zu empfangen. Das entlastet ungemein und lässt mich aufatmen. Mein Leben ist geborgen! Unter diesem Vorzeichen kann ich viel zum Gelingen dieses Tages beitragen. An diesem Morgen dürfen wir in den Frieden

Gottes einsteigen. Gottes Frieden wollen wir heute den Tag über ausbreiten. In Gottes Frieden dürfen wir uns dann zur Nacht betten.

Gott selbst ist es, der uns unser Leben schenkt und erhält – Tag für Tag. Ihn zu loben: das ist unser Amt – heute und in Ewigkeit. In diesem Sinne wünsche ich Ihnen heute allen: einen guten Tag!

Amen.

Der Tag ist seiner Höhe nah

EG 457 – Mittag

Der Tag ist seiner Höhe nah.
Nun blick zum Höchsten auf,
der schützend auf dich niedersah
in jedes Tages Lauf.

Wie laut dich auch der Tag umgibt,
jetzt halte lauschend still,
weil er, der dich beschenkt und liebt,
die Gabe segnen will.

Der Mittag kommt. So tritt zum Mahl;
denk an den Tisch des Herrn.
Er weiß die Beter überall
und kommt zu Gaste gern.

Er segnet dich in Dorf und Stadt,
in Keller, Kammer, Feld.
Was dir der Herr gesegnet hat,
bleibt fortan wohl bestellt.

Er segnet dir auch Korb und Krug
und Truhe, Trog und Schrein.
Ihm kann es keinen Tag genug
an Segensfülle sein.

Er segnet deiner Bäume Frucht,
dein Kind, dein Land, dein Vieh.
Er segnet, was den Segen sucht.
Die Gnade schlummert nie.

Er segnet, wenn du kommst und gehst;
er segnet, was du planst.
Er weiß auch, daß du's nicht verstehst
und oft nicht einmal ahnst.

Und dennoch bleibt er ohn Verdruß
zum Segen stets bereit,
gibt auch des Regens milden Fluß,
wenn Regen an der Zeit.

Sein guter Schatz ist aufgetan,
des Himmels ewges Reich.
Zu segnen hebt er täglich an
und bleibt sich immer gleich.

Wer sich nach seinem Namen nennt,
hat er zuvor erkannt.
Er segnet, welche Schuld auch trennt,
die Werke deiner Hand.

Die Hände, die zum Beten ruhn,
die macht er stark zur Tat.
Und was der Beter Hände tun,
geschieht nach seinem Rat.

Der Tag ist seiner Höhe nah:
Nun stärke Seel und Leib,
daß, was an Segen er ersah,
dir hier und dort verbleib.

Unser Leben gleicht einem Drahtseilakt. Natürlich: Keiner von uns ist etwa beim Zirkus Roncalli als Drahtseilkünstler angestellt.

Trotzdem: Für jeden von uns hält das Leben Herausforderungen bereit, die aus unserem Leben so etwas wie einen Gang über ein Drahtseil machen. Schon der Schüler muss zusehen, dass er bei den Klassenarbeiten nicht durchfällt. Der Familienvater muss aufpassen, dass er nicht das Gleichgewicht verliert zwischen Arbeit und Familie. Das Gleiche gilt für die berufstätige Mutter. Und auch die hauptberufliche Hausfrau hat zu kämpfen und zu bangen, dass sie die Hausarbeit voreinander bekommt und dass sie die Sorgen über den Werdegang der Kinder nicht aus dem inneren Gleichgewicht bringen.

Und die Älteren unter uns haben täglich neu die rechte Balance zu finden zwischen dem, was eigentlich wünschenswert wäre, und dem, was man sich gesundheitlich noch erlauben kann.

Gott sei Dank gibt es bei unseren riskanten Spaziergängen über das hoch gespannte Seil auch Verschnaufpausen. Es gibt so etwas wie Podeste, auf denen wir sicher stehen können. Es gibt die Möglichkeit, beim Gang über das Drahtseil einzuhalten, die zurückgelegte Strecke zu betrachten und das neue Wegstück in Augenschein zu nehmen.

Solch ein Haltepodest ist die Dankbarkeit. Wer dankt, hält inne auf seinem Lebensweg. Wer dankt, bekommt sicheren Boden unter den Füßen. Die zurückgelegte Wegstrecke kann er dankbar auf seiner Habenseite verbuchen. Wer dankt, schöpft neue Kraft für den neuen Weg.

Heute feiern wir das Erntedankfest. Es ist gut, dass wir einmal im Jahr dazu angehalten werden, dankbar auf die zurückgelegte Wegstrecke zu blicken. Der Altarraum ist farbenprächtig geschmückt mit den Früchten, die uns der

Acker und die Bäume wieder so reichlich gegeben haben. Dies alles ist nicht selbstverständlich. Wer dankt, entdeckt Gott als den guten Geber all dieser Gaben.

Und was haben wir noch alles „geerntet" im vergangenen Jahr? Tage voller Gesundheit. Glückliche Stunden in Familie und Gemeinde. Ein gesichertes Auskommen mit dem Einkommen. Und vor allen Dingen leben wir in Frieden seit über fünfzig Jahren. Das alles ist, wie gesagt, nicht selbstverständlich. Es ist tröstend und ermutigend, heute zum Erntedankfest die vielen Gründe zur Dankbarkeit zu entdecken. Das Mittagslied von Jochen Klepper soll uns dabei helfen.

> Der Tag ist seiner Höhe nah.   EG 457.1-2
>   Nun blick zum Höchsten auf,
>   der schützend auf dich niedersah
>   in jedes Tages Lauf.
>
> Wie laut dich auch der Tag umgibt,
>   jetzt halte lauschend still,
>   weil er, der dich beschenkt und liebt,
>   die Gabe segnen will.

Dieses Lied ist ein Mittagslied. Ich meine, dass es gut zum Erntedankfest passt. Denn es erinnert uns heute daran, dass eigentlich jeden Tag ein kleines Erntedankfest stattfinden kann.

Für die meisten von uns ist das Mittagessen die Hauptmahlzeit des Tages. Ernährungsphysiologisch gesprochen: Verbrauchte Energie wird dem Körper wieder zugeführt.

Daneben lädt uns Jochen Klepper mit den ersten Zeilen dazu ein, dass die Mittagsmahlzeit für uns auch zu einer Stärkung der seelischen Kräfte wird. Die Sonne steht jetzt am höchsten. Gott hat uns den ganzen Tag über beschützt.

Nun ist es Zeit, sich einmal auf Gottes Mitgehen zu besin-
nen. Wir werden eingeladen, aus der Hektik des Tagesge-
schehens auszusteigen und in die Ruhe, den Frieden mit
Gott einzusteigen.

Es ist eine Wohltat, während der Mahlzeiten von der Ta-
geshetze abzuschalten. Aber wem gelingt das schon?

Neulich, beim Mittagessen erzählte ich meiner Frau einige
Dinge, die mich am Vormittag geärgert hatten. Ich ereiferte
mich dabei immer mehr. Als ich gerade einmal Luft holte,
sagte unser kleiner Sohn in die Stille hinein: „Amen". Wir
schauten uns an, mussten lachen, die ärgerlichen Themen
waren vergessen und der Frieden wiederhergestellt.

Gott hat uns lieb. Er beschenkt uns reichlich und will uns
und die Mahlzeit segnen. Mittagessen: Wir können auftan-
ken an Leib und Seele.

> Der Mittag kommt. So tritt zum Mahl;   EG 475.3
> denk an den Tisch des Herrn.
> Er weiß die Beter überall
> und kommt zu Gaste gern.

Klepper macht deutlich, dass die mittägliche Mahlzeit
sogar zu einem geistlichen Ereignis werden kann. Die
3. Strophe erinnert an ein Tischgebet: *„Komm, Herr Jesus,
sei du unser Gast und segne, was du uns bescheret hast.
Amen."* Wer vor den Mahlzeiten betet, macht sich deutlich,
dass gefüllte Teller und Gläser nichts Selbstverständliches
sind. Wer betet, dankt Gott, dem Geber für alle guten Gaben.

Gleichzeitig eröffnet uns Klepper noch einen weiteren
geistlichen Horizont: Er lässt uns an das Abendmahl denken.

Jesus selbst hat oft Tischgemeinschaft gehalten. Tischgemeinschaft mit Jesus: Das ist ein Vorgeschmack auf das

Reich Gottes. Tischgemeinschaft mit Jesus: Das ist eine geistliche Gemeinschaft mit allen, die zum Reich Gottes gehören. Und alle sind eingeladen: Zöllner und Pharisäer, Arme und Reiche, Kranke und Gesunde. Das ist ein kühner und gleichzeitig tröstender Gedanke: Niemand muss seine Mahlzeit alleine essen. Er darf sich verbunden wissen mit einer großen unsichtbaren Gemeinschaft von Betenden und Dankenden.

Die kommenden Strophen entfalten nun den Segen, den Gott auf unser Tun und Lassen legt. Wir dürfen erkennen, wie Gott uns schützend und helfend den Tag über begleitet.

Er segnet dich in Dorf und Stadt,   EG 457.4-6
  in Keller, Kammer, Feld.
Was dir der Herr gesegnet hat,
  bleibt fortan wohl bestellt.

Er segnet dir auch Korb und Krug
  und Truhe, Trog und Schrein.
Ihm kann es keinen Tag genug
  an Segensfülle sein.

Er segnet deiner Bäume Frucht,
  dein Kind, dein Land, dein Vieh.
Er segnet, was den Segen sucht.
  Die Gnade schlummert nie.

Der Liederdichter hat sich die Zusagen, die ab der vierten Strophe gemacht werden, nicht einfach ausgedacht. Klepper dichtet hier mit Worten der Bibel. Seinem Mittagslied hat er ausgewählte Verse aus dem 28. Kapitel des 5. Buchs Mose (alte Luther-Übersetzung) vorangestellt. Und diese biblischen Worte hat Klepper geschickt in Verse gefasst. Mose spricht im Auftrag Gottes zum Volk Israel:

„Wenn du der Stimme des Herrn, deines Gottes, gehorchen wirst, werden über dich kommen alle diese Segnungen:
Gesegnet wirst du sein in der Stadt, gesegnet auf dem Acker.
Gesegnet wird sein die Frucht deines Leibes, die Frucht deines Landes und die Frucht deines Viehs.
Gesegnet wird sein dein Korb und dein Backtrog.
Gesegnet wirst du sein, wenn du eingehst, gesegnet, wenn du ausgehst.
Der Herr wird gebieten dem Segen, dass er mit dir sei in deinem Keller und in allem, was du vornimmst, dass alle Völker auf Erden werden sehen, dass du nach dem Namen des Herrn genannt bist, und der Herr wird dir seinen guten Schatz auftun, den Himmel, dass er deinem Land Regen gebe zu seiner Zeit und dass er segne alle Werke deiner Hände."

Gottes große Güte wird hier beschrieben. Alle Güter hängen von seinem Segen ab. Wir können und wir brauchen uns nichts selber zu nehmen. Alles wird von Gott geschenkt. Deshalb ist es wichtig, mit Gott in Verbindung zu bleiben, auf seine Worte zu hören und seine Gebote zu befolgen.

Sehr eindrücklich macht das auch Martin Luther in seiner Erklärung zum 1. Artikel des Glaubensbekenntnisses deutlich:

„Ich glaube, daß mich Gott geschaffen hat
samt allen Kreaturen,
mir Leib und Seele, Augen, Ohren und alle Glieder,
Vernunft und alle Sinne gegeben hat und noch erhält;
dazu Kleider und Schuh, Essen und Trinken,
Haus und Hof, Weib und Kind,
Acker, Vieh und alle Güter;
mit allem, was not tut für Leib und Leben,
mich reichlich und täglich versorgt,

in allen Gefahren beschirmt
und vor allem Übel behütet und bewahrt. "

> Er segnet, wenn du kommst und gehst;   EG 457.7-8
> er segnet, was du planst.
> Er weiß auch, daß du's nicht verstehst
> und oft nicht einmal ahnst.

> Und dennoch bleibt er ohn Verdruß
> zum Segen stets bereit,
> gibt auch des Regens milden Fluß,
> wenn Regen an der Zeit.

Jochen Klepper hat unermesslich viel Schweres während der nationalsozialistischen Herrschaft durchstehen müssen. Trotzdem hat er sich gerade in dieser schweren Zeit einen Blick für die Segnungen Gottes bewahrt. Das kommt auch in einigen Tagebuchaufzeichnungen zum Ausdruck, die Klepper jeweils zum Erntedankfest gemacht hat.

Ich denke, seine Sichtweise kann auch uns den Blick für all die Dinge öffnen, für die wir Gott dankbar sein können.

Erntedankfest 1934:

„Wunderbarster Herbst, der blaueste Himmel und die reichste Sonne. Ich hatte gestern abend lange gearbeitet und danach, in der Erwartung des Sonntags, viel besser als sonst geschlafen.
Mittags, mit Weinlaub geschmückt, kam die erste Ernte auf den Tisch, Blumen und Wein – das Wesen der Mahlzeit, das sinnliche und das ‚sakramentale'. "

Seine Eintragung zum Erntedankfest 1938 spricht die Dankbarkeit darüber aus, dass es trotz der so genannten „Sudetenkrise" zu keinem Krieg gekommen ist:

„Keine offiziellen Dankgottesdienste. Aber selbst der laue, alte Pastor in Mariendorf hat den Erntedankfest-Gottes-

dienst zum ergriffenen großen Dankgottesdienst für die Erhaltung des Friedens gemacht, und bei dem Gesang von ‚Nun danket alle Gott' haben viele Menschen geweint."

Der Zweite Weltkrieg ist bereits ausgebrochen, als Klepper 1939 zum Erntedankfest schreibt:

„Hanni, Renerle und ich sind heute ganz allein. An strahlendem Morgen, schimmernd von taufeuchten Bäumen, still und grün wie im Walde, durchwoben von zartblauem Glast, ein sehr feierlicher, sehr würdiger Erntedankfestgottesdienst im Kriege.

Die Kirche voll wie an den höchsten Feiertagen, die Kinder der Gemeinde in den Gottesdienst mit einbezogen: die Kette der Zeugen reißt nicht ab. Das bewegt einen in dieser Zeit sehr. Die Altarkerzen brannten über den Blumen, den Schalen mit Früchten und Körben mit Gemüsen, den Erntegaben aus den Gärten von Nikolassee."

Und schließlich die Eintragungen zu 1942, dem letzten Erntedankfest, das Klepper erlebt:

„Morgennebel, Morgenkühle, noch ums Glockenläuten. Aber schon der Kirchgang in Tau und Glanz, und danach ein Erntedankfest in Himmelbläue und herbstlichem Gold. Im Gottesdienst die großen Lieder des Dankes, zum Glaubensbekenntnis ersten Artikel, der in meiner Lage sehr erschütternd wirkt."

Sein guter Schatz ist aufgetan, EG 457.9-10
   des Himmels ewges Reich.
   Zu segnen hebt er täglich an
   und bleibt sich immer gleich.

Wer sich nach seinem Namen nennt,
   hat er zuvor erkannt.
   Er segnet, welche Schuld auch trennt,
   die Werke deiner Hand.

Trotz allem Schweren hält Klepper an der unwandelbaren Treue Gottes zu uns Menschen fest. Gott segnet uns, auch wenn wir uns in Schuld verstrickt haben. Gott steht zu uns, denn er hat uns erwählt.

Wer sich mit dem Leben von Jochen Klepper beschäftigt, weiß, dass besonders in dieser zehnten Strophe das Herz des Dichters schlägt.

Wie schon erwähnt, hat Klepper viel Schweres durchmachen müssen. Er war mit einer jüdischen Frau verheiratet. Das galt damals als Rassenschande. Zusammen mit seiner Familie wurde er zusehends ausgegrenzt und in seiner Existenz als Schriftsteller bedrängt und behindert.

Jochen Klepper hat das Mittagslied zu Pfingsten 1938 geschrieben. Im April 1938 waren alle jüdischen Vermögen vom NS-Staat erfasst worden, auch das Vermögen in Mischehen. Die familiäre Situation ist angespannt. Kleppers Mutter hat eine verkapselte Tuberkulose. Sie wird von den Kleppers gepflegt, obwohl das Verhältnis seit der Ehe mit Hanni Stein fast zerbrochen ist. Die Tochter Renate muss ein Pflichtjahr absolvieren, weiß nur nicht wo. Jochen Klepper möchte an seinem begonnenen Roman „*Das ewige Haus*" weiterschreiben, findet aber keine Ruhe dazu.

In dieser äußerst angespannten Zeit findet er Trost und Kraft in den Verheißungen Gottes. Wir lesen in seinen Tagebucheintragungen zur Entstehung des Mittagsliedes.

Pfingstsonnabend 1938:

„Es kommen noch immer die Worte zu einem, deren man am meisten bedarf. Denn, ohne eine Spur der Übertreibung, gehts ja jetzt um gar nichts anderes mehr, seit fünf Monaten, als die totale Gefährdung des Werkes, an dem ich nicht vorüber soll und an das ich sogar glauben muß.
Hanni ist wie befreit, seit nun überhaupt irgendeine Lösung

für Renerle da ist. So greift sie auch Mutter nicht so an;
auch nehme ich natürlich Mutter möglichst auf mein Teil,
indes Hanni sie aufs rührendste pflegt.
Abends um zehn fängt es an, ruhig für mich zu werden. Ich
arbeitete noch bis dreiviertel eins; ich schrieb ein Mittags-
lied zu dem Morgen- und Abendlied. Aber ich bin verstör-
ter denn je. Ich fürchte, diesmal haben wir zuviel auf uns
genommen.“

Und am nächsten Tag hält er fest:

„Das ‚Mittagslied‘ heute erst recht ‚fertig gedichtet‘ und
Bore zu Pfingsten geschenkt. Nach neuen Kirchenliedern
ist immer wieder der Friede, der im Herzen immer
herrscht, auch in den Sinnen und Nerven.“

Bei dem existentiellen Drahtseilakt, den Klepper zu bestehen hat, findet er doch immer wieder Ruhepausen bei der
Lektüre der Bibel, im Gebet und im Danken.

Gott hat uns erwählt. Er steht zu uns – gerade auch dann,
wenn es nicht gut um uns steht. Das lässt aufatmen, durch-
atmen und neue Kraft schöpfen.

> Die Hände, die zum Beten ruhn,   EG 457.11
>   die macht er stark zur Tat.
> Und was der Beter Hände tun,
>   geschieht nach seinem Rat.

Erntedankfest: Wir lassen uns daran erinnern, dass Gott es
gut mit uns meint. Das Mittagslied von Jochen Klepper hat
uns eine große Bandbreite von Segnungen gezeigt, mit
denen uns Gott bei allem Schweren begleitet. Und vielleicht können Sie heute für sich persönlich noch das eine
oder andere dankbar hinzufügen.

Die Dankbarkeit, so haben wir gesagt, ist so etwas wie ein
Podest, eine Verschnaufpause auf unserem Weg über das
hochgespannte Seil. Weil Gott uns begleitet, deshalb dürfen

wir wissen: Es gibt ein tragfähiges Netz unter diesem Seil: die Gnade und Barmherzigkeit Gottes. Und weil Gott uns begleitet, deshalb hat unser Weg über das Drahtseil auch ein gutes Ziel: das ewige Reich Gottes. Dort können wir endgültig ausruhen von unseren anstrengenden Wegen. Dort sind wir ewig getröstet und ewig dankbar. Aber schon jetzt sind wir unterwegs mit dem Segen Gottes und es lohnt sich, immer mal wieder dankbar einzuhalten:

> Der Tag ist seiner Höhe nah: EG 457.12
> Nun stärke Seel und Leib,
> daß, was an Segen er ersah,
> dir hier und dort verbleib.

Amen.

Ich liege, Herr, in deiner Hut

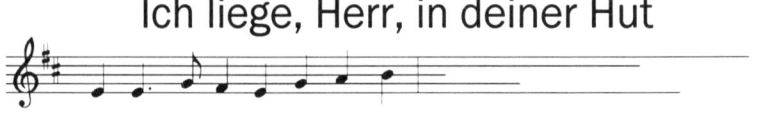

EG 486 – Abend

Ich liege, Herr, in deiner Hut
und schlafe ganz mit Frieden.
Dem, der in deinen Armen ruht,
ist wahre Rast beschieden.

Du bist's allein, Herr, der stets wacht,
zu helfen und zu stillen,
wenn mich die Schatten finstrer Nacht
mit jäher Angst erfüllen.

Dein starker Arm ist ausgereckt,
daß Unheil mich verschone
und ich, was auch den Schlaf noch
schreckt,
beschirmt und sicher wohne.

So will ich, wenn der Abend sinkt,
des Leides nicht gedenken,
das mancher Erdentag noch bringt,
und mich darein versenken,

Wie du, wenn alles nichtig war,
worauf die Menschen hoffen,
zur Seite warst und wunderbar
mir Plan und Rat getroffen.

Weil du der mächt'ge Helfer bist,
    will ich mich ganz bescheiden
    und, was bei dir verborgen ist,
    dir zu entreißen meiden.

Ich achte nicht der künft'gen Angst.
    Ich harre deiner Treue,
    der du nicht mehr von mir verlangst,
    als daß ich stets aufs neue

Zu kummerlosem, tiefem Schlaf
    in deine Huld mich bette,
    vor allem, was mich bitter traf,
    in deine Liebe rette.

Ich weiß, daß auch der Tag, der kommt,
    mir deine Nähe kündet
    und daß sich alles, was mir frommt,
    in deinen Ratschluß findet.

Sind nun die dunklen Stunden da,
    soll hell vor mir erstehen,
    was du, als ich den Weg nicht sah,
    zu meinem Heil ersehen.

Du hast die Lider mir berührt.
    Ich schlafe ohne Sorgen.
    Der mich in diese Nacht geführt,
    der leitet mich auch morgen.

Können Sie abends gut einschlafen? Es steht ja außer Frage, dass ein guter und fester Schlaf die beste Voraussetzung für einen guten neuen Tag ist. Wer nachts nicht richtig abschalten kann, der kann nur mit großer Mühe in einen neuen Morgen einsteigen.

Der Rhythmus von Tag und Nacht, von Arbeit und Ruhe ist ein Geschenk Gottes. Wir brauchen Anspannung und Entspannung ebenso, wie wir einatmen und ausatmen.

Doch was soll ich machen, wenn mir die Sorgen nicht mehr aus dem Kopf gehen; wenn mir die ungewisse Zukunft Angst macht; wenn mich Kummer oder Ärger aus der Vergangenheit einholt?

„Lass los!", lautet die einzig richtige Antwort: „Lass doch deine Sorgen los! Du kannst nur jeden Tag einzeln leben. Der heutige Tag ist der einzige, den du wirklich gestalten kannst."

Doch wohin soll ich denn loslassen? Wem kann ich denn meine belastende Vergangenheit übergeben? Wem kann ich denn meine ungewisse Zukunft anvertrauen?

Am 8. Oktober 1938 notiert der Liederdichter Jochen Klepper in sein Tagebuch: *„Die dritte Nacht ohne Schlafmittel überstanden. Es muß um des ‚Abendliedes' im ‚Kyrie' willen sein."*

Jochen Klepper hat einige Zeit zuvor ein Abendlied gedichtet, das in einem schmalen Gedichtband mit dem Titel „Kyrie" veröffentlicht worden ist. Kleppers Abendlied enthält die Antwort, wie wir mit unseren Sorgen fertig werden können; wie es uns am Abend gelingen kann, loszulassen.

Das Abendlied steht in unseren Gesangbüchern unter der Nummer 486: *„Ich liege, Herr, in deiner Hut."* Wir wollen uns nun das ganze Lied vor Augen führen – alle elf Strophen. Dazu singen wir zunächst die Strophen 1 bis 3:

Ich liege, Herr, in deiner Hut   EG 486.1-3
und schlafe ganz mit Frieden.
Dem, der in deinen Armen ruht,
ist wahre Rast beschieden.

Du bist's allein, Herr, der stets wacht,
zu helfen und zu stillen,
wenn mich die Schatten finstrer Nacht
mit jäher Angst erfüllen.

Dein starker Arm ist ausgereckt,
daß Unheil mich verschone
und ich, was auch den Schlaf noch schreckt,
beschirmt und sicher wohne.

Jochen Klepper hat dieses Lied in sehr schwerer Zeit gedichtet. Wie groß für ihn die Überlebenssorgen sind, der er mit einer jüdischen Frau verheiratet ist, drückt er ebenfalls am 8. Oktober 1938 in seinem Tagebuch aus. Wenige Tage vor der so genannten „Reichskristallnacht", dem schrecklichen Pogrom gegen die Juden, hält er einen sarkastischen Witz fest, der in jenen Tagen die Runde macht. Klepper schreibt: „*Ein Witz dieser Zeit: Die Schweiz hat ja nun einen Marineminister. ‚Wieso? Sie braucht doch gar keinen.' ‚Deutschland hat ja auch einen Justizminister.'*"

Schlimme Zeiten waren das damals in Deutschland, als es für Juden und ihre Angehörigen keinerlei Rechte mehr gab.

Gerade weil das Abendlied in schwerer Zeit geschrieben ist, deshalb gibt es auch für uns heute eine tragfähige Antwort auf unsere Frage, wie wir mit unseren Sorgen zur Nacht fertig werden können.

Besonders wertvoll ist das Lied dadurch, dass es selbst in dem Wort der Bibel verankert ist. Die ersten drei Strophen werden gedichtet mit den Worten aus Psalm 4, 9:

„Ich liege und schlafe ganz mit Frieden; denn allein du, Herr, hilfst mir, dass ich sicher wohne."

Psalm 4 ist ein alttestamentliches Abendgebet. Das ist die grundlegende Antwort, wie wir am besten mit belastenden Erfahrungen und einer bedrohlichen Zukunft fertig werden und am Abend zur Ruhe kommen können: Wir wollen es Gott bringen, vor ihm bedenken und es letztlich Gott überlassen.

So verdrängt auch der Psalmbeter am Abend seine Probleme nicht. Vielmehr spricht er sich vor Gott aus! Ungeschminkt und ehrlich bringt er Gott seinen Ärger, benennt er seine gekränkte Ehre und spricht er sogar über seinen Neid. Aber er vertraut das alles Gott an und so kann er sein Gebet mit den vertrauensvollen Worten schließen:

„Ich liege und schlafe ganz mit Frieden; denn allein du, Herr, hilfst mit, dass ich sicher wohne."

Die ersten drei Strophen besingen, was Gott alles für uns tut, damit wir tatsächlich in seinen Armen zur Ruhe kommen können. Gott ist für uns da – zu jeder Tages- und Nachtzeit.

Wir können uns in Gottes Arme flüchten – so wie der verlorene Sohn von seinem Vater mit offenen Armen empfangen wird.

Gott hält Wache über unseren Schlaf, so wie eine Mutter zum Bett ihres kleinen Kindes eilt, wenn es schreit, weil es Durst hat oder schlecht geträumt. Gott beschirmt unseren Schlaf wie ein großer Vogel den Schlaf seiner Küken. Unter dem Schatten seiner Flügel dürfen wir ausruhen von des Tages Müh. Der allmächtige Gott hält seine schützenden Hände über uns. In seine starken Arme dürfen wir uns zum Schlaf betten.

Die nächsten Strophen bringen nun, was wir selbst dazu beitragen können, dass wir ruhig schlafen.

So will ich, wenn der Abend sinkt,   EG 486.4–8
des Leides nicht gedenken,
das mancher Erdentag noch bringt,
und mich darein versenken,

Wie du, wenn alles nichtig war,
worauf die Menschen hoffen,
zur Seite warst und wunderbar
mir Plan und Rat getroffen.

Weil du der mächt'ge Helfer bist,
will ich mich ganz bescheiden
und, was bei dir verborgen ist,
dir zu entreißen meiden.

Ich achte nicht der künft'gen Angst.
Ich harre deiner Treue,
der du nicht mehr von mir verlangst,
als daß ich stets aufs neue

Zu kummerlosem, tiefem Schlaf
in deine Huld mich bette,
vor allem, was mich bitter traf,
in deine Liebe rette.

Dreimal ist in diesen Strophen von einem klaren Willensakt die Rede. Wir Menschen können und müssen von uns aus viel dazu beitragen, dass wir zur Ruhe kommen.

Die Voraussetzung dafür hat Gott geschaffen. Er allein kann dies auch. Aber nun wollen wir es eben auch gut sein lassen mit unseren Sorgen und uns ihm anvertrauen.

Am 10. Oktober 1938 notiert Jochen Klepper in sein Tagebuch: *„Aus den Dankbriefen fürs ‚Kyrie' geht deutlich her-*

vor, daß das ‚Abendlied‘ die Leser am stärksten berührt, das meine eiserne Lehre enthält: auf jeden Blick voraus einen zurück!"

Drei Verse (4, 5 und 10) besingen Kleppers „eiserne Lehre": Statt sich in den zukünftigen Sorgen zu verbeißen, will Klepper sich daran erinnern, wie Gott ihm in der Vergangenheit schon geholfen hat. Der dankbare Blick zurück gibt Kraft und Mut für morgen.

Außerdem erinnert uns Klepper daran, dass Gott allein für uns die Zukunft bereit hält (Vers 6). Weder durch ungestümes Beten und erst recht nicht durch fadenscheinige Horoskope lässt Gott uns im Einzelnen nach vorne schauen. Aber das brauchen wir auch gar nicht. Gottes Treue und Fürsorge sind auf jeden Fall auch morgen da – und übermorgen.

Deshalb – so die Verse 7 und 8 – dürfen wir uns zufrieden geben – weil Gott unser Friede ist. Mehr wird nicht von uns verlangt, als dass wir uns am Abend mit allem Kummer und aller Freude Gott anvertrauen.

Ich weiß, daß auch der Tag, der kommt,   EG 486.9–11
    mir deine Nähe kündet
    und daß sich alles, was mir frommt,
    in deinen Ratschluß findet.

Sind nun die dunklen Stunden da,
    soll hell vor mir erstehen,
    was du, als ich den Weg nicht sah,
    zu meinem Heil ersehen.

Du hast die Lider mir berührt.
    Ich schlafe ohne Sorgen.
    Der mich in diese Nacht geführt,
    der leitet mich auch morgen.

Diese Verse ziehen nun ein eindrückliches Fazit aus dem bisherigen Gedankengang. Vers 9 bringt auf den Punkt, dass Gott selbst auf uns in Zukunft zukommt. Unsere Zukunft liegt in Gottes Händen. An ihm muss zuvor alles vorbei, was auf uns zukommt – an Schönem und an Schwerem. Alles wird sich in Gottes Ratschluss finden. Darauf können wir vertrauen.

Vers 10 beschreibt noch einmal in dichterisch gelungener Weise die „eiserne Lehre" Kleppers. Die dunkle Zukunft wird durchbrochen durch die helle Segensspur, die Gott in meinem Leben bereits hinterlassen hat.

Gott hat mir in der Vergangenheit wunderbar geholfen. Das lässt mich vertrauensvoll in die Zukunft blicken. Ich bin gespannt, welche segensreichen Wege sich durch Gott öffnen werden.

Der 11. Vers bildet den guten Schluss. Gott selbst schenkt mir den Schlaf. Ich darf ausruhen, um morgen mit Gott in einen neuen Tag zu gehen.

Liebe Gemeinde, Verse aus diesem wunderbaren Klepper-Lied habe ich schon oft bei Beerdigungsansprachen zitiert. Dann nämlich, wenn die Angehörigen das Psalm-Wort ausgelegt haben wollten:

„Ich liege und schlafe ganz mit Frieden; denn allein du, Herr, hilfst mir, daß ich sicher wohne." (Psalm 4, 9)

Gott führt die, die an ihn glauben, sicher ans Ziel. Durch seinen Sohn Jesus Christus hat er uns allen den Weg freigemacht zum ewigen Leben. Der Tod hat nicht das letzte Wort über uns, sondern Jesus Christus, der zu uns spricht:

„Ich lebe, und ihr sollt auch leben." (Johannes 14, 19)

Und deshalb dürfen uns auch nicht unsere Sorgen beherrschen. Wir leben unter Gottes Schutz und Schirm – Tag für Tag – Nacht für Nacht – gestern, heute, morgen und in Ewigkeit. Amen.

Nun sich das Herz von allem löste

EG 532 – Sterben und ewiges Leben

Nun sich das Herz von allem löste,
was es an Glück und Gut umschließt,
komm, Tröster, Heilger Geist, und tröste,
der du aus Gottes Händen fließt.

Nun sich das Herz in alles findet,
was ihm an Schwerem auferlegt,
komm, Heiland, der uns mild verbindet,
die Wunden heilt, uns trägt und pflegt.

Nun sich das Herz zu dir erhoben
und nur von dir gehalten weiß,
bleib bei uns, Vater. Und zum Loben
wird unser Klagen. Dir sei Preis!

Wir Menschen sind alle trostbedürftige Wesen. Am Totensonntag wird das besonders deutlich. Unsere menschliche Vergänglichkeit wird uns unausweichlich bewusst.

Eben wurden die Namen derjenigen vorgelesen, die im vergangenen Jahr in unserer Gemeinde gestorben sind. Wir haben gehört, wie alt sie geworden sind. Heute Morgen ist mancher unter uns, für den einer der genannten Namen mehr bedeutet als für die anderen, für den die genannten Lebensjahre zu Jahren des eigenen Lebens geworden sind –

erfüllt mit Liebe und Glück, gefüllt mit gemeinsamen Hoffnungen und gemeinsam getragenem Leid.

Am Ende des Kirchenjahres werden wir besonders stark an unsere Endlichkeit erinnert. Wem ist schon alles gelungen im vergangenen Jahr? Pläne mussten begraben werden. Freundschaften gingen auseinander. Die Gesundheit forderte ihren Tribut. Ständig stoßen wir an unsere Grenzen. Daher kommt es, dass wir so unendlich trostbedürftig sind.

Nun ist es mit dem Trösten aber ein schwieriges Unternehmen. Wer kann schon wirklich jemanden trösten, der in großer Trauer ist? Bei wem klingen die tröstenden Worte nicht nur oberflächlich? Es müsste jemand sein, der die Trauer des anderen nachfühlen kann.

Fündig geworden bin ich bei dem Liederdichter Jochen Klepper. Klepper kann trösten, weil Trost bei ihm keine billige Vertröstung ist. Er war zeitlebens selbst stark angefochten. Weil er 1931 die Jüdin Johanna Stein geheiratet hatte, wurde er von den Nationalsozialisten zunehmend unter Druck gesetzt und ausgegrenzt – wegen angeblicher Rassenschande. Klepper, der junge aufstrebende Journalist, verlor seine Arbeit und musste sich mit kleineren literarischen Aufträgen finanziell über Wasser halten.

Sich selbst zum Trost und zur Vergewisserung hat er einige Kirchenlieder geschrieben, die sich eng an die Worte der Bibel halten. In schwerer Zeit sind die Gedichte Kleppers für viele andere zum Trost geworden.

1940 hat Klepper seine letzten Lieder gedichtet. Eines davon ist das Lied „*Nun sich das Herz von allem löste*". In dem Gedichtband „Kyrie" hat er dem Lied die Überschrift gegeben „*Trostlied am Totensonntag*". Geschrieben hat er das Lied aber eigentlich zum Trost für seine Stieftochter. Renate war damals 18 Jahre alt und sie stand in der belastenden Ungewissheit, ob ihr Zwangsarbeit oder gar Deportation bevorsteht.

Kleppers Tagebuchaufzeichnungen geben uns Aufschluss über die Entstehung dieses Liedes:

29. August 1940/Donnerstag
„Tröste mich wieder mit deiner Hilfe, und mit einem freudigen Geist rüste mich aus. " (Psalm 51, 14)

„Ein freudiger Geist – diese Worte dürfen dem beschwerten Herzen nicht ganz fremd werden.
Heute bekam Renerle die Aufforderung, sich mit Arbeitsbuch und Kennkarte auf dem Arbeitsamt zu melden, am Montag. Das bedrückt uns sehr, denn mehrere Mädchen in Renerles Alter und Lage arbeiten schon zwangsweise hier in der Rüstungsindustrie. – Renerle sagt: „Nur einmal das Gefühl haben dürfen, daß es nicht immer noch schwerer kommt. "

Klepper stellt seit Jahren vor seine Tagebuchaufzeichnungen ein Bibelzitat. Manchmal sind es Worte aus den Herrnhuter Losungen, manchmal sind es Bibelworte, die ihm aus einem anderen Grund wichtig geworden sind. Es fällt auf, dass Klepper in dieser Zeit häufig Bibelworte vorangestellt hat, die vom Trost Gottes handeln. An diesem 29. August 1940 dichtet Klepper auch das besagte Lied. Er schreibt:

„Deine Gnade ist mein Trost. " (Psalm 109, 21)

Und dann legt er dieses Bibelwort zum Trost für seine Tochter aus:

Meinem Kinde

Nun sich das Herz von allem löste,
was es an Glück und Gut umschließt,
komm, Tröster, Heilger Geist, und tröste,
der du aus Gottes Händen fließt.

Nun sich das Herz in alles findet,
was ihm an Schwerem auferlegt,
komm, Heiland, der uns mild verbindet,
wo uns die Welt nur Wunden schlägt.

Nun sich das Herz zu dir erhoben
und nur von dir gehalten weiß,
bleib bei uns, Vater. Und zum Loben
wird unser Klagen. Dir sei Preis!

„*Nun sich das Herz von allem löste, was es an Glück und Gut umschließt ...*" Die ersten Worte des Liedes werden verständlich, wenn wir uns die schwierige Situation seiner Tochter Renate vor Augen halten. Schon längst war es ihr zum Beispiel verboten, in einer Badeanstalt schwimmen zu gehen. Überall hing das Schild „Juden unerwünscht!" Ihrer älteren Schwester Brigitte gelang es noch im Jahr zuvor, nach England auszureisen. Renate war erst vor ein paar Monaten die Einreise in die Schweiz verweigert worden.

Bei der Betrachtung der Tagebuchnotiz fällt auf, dass Klepper den Schluss der zweiten Strophe ursprünglich anders gedichtet hatte. Der Text im Evangelischen Gesangbuch, der dem Gedichtband „Kyrie" folgt, hat die Formulierung: „*die Wunden heilt, uns trägt und pflegt.*" Ursprünglich dichtete Klepper: „*Komm, Heiland, der uns mild verbindet, wo uns die Welt nur Wunden schlägt.*"

Klepper wollte damit deutlich machen, dass es wahren Trost nur bei Gott gibt. Alle anderen Trostquellen sind nur Ablenkungen, sind nur Vertröstungen, die den Zustand des Leidenden nur noch verschlimmern.

Kleppers Tagebuchaufzeichnung vom Vortag gibt uns hierüber noch genaueren Aufschluss:

28. August 1940/Mittwoch

„*HERR Herr, sei du mit mir um deines Namens willen; denn deine Gnade ist mein Trost.*" (Psalm 109, 21)

Hier hat Klepper übrigens schon das Bibelwort vorangestellt, das er am Tag darauf mit seinem Gedicht ausgelegt
hat. Dann schreibt Klepper weiter:

*„Wie ist der Trost einer der beherrschenden, tragenden
Begriffe meines Lebens geworden. Und man wird immer
trostbedürftiger; aber was auch immer an neuer Last und
neuem Kummer nach Trost verlangen läßt; man sucht ihn
nur noch an einer Stelle. Der alte Trost läßt geduldig der
neuen Sorge und dem neuen Leid begegnen, das alte wei-
tertragen; er ist noch älter und half durch noch Schwere-
res."*

Das Lied will also Gottes Trost an andere Menschen wei-
tergeben, bei denen viele Wünsche und Hoffnungen auf der
Strecke bleiben müssen, die durch große Angst und Sorgen
gequält werden. Wie groß Kleppers eigenes Leiden in diesen Tagen ist, wird durch die Tagebucheintragung deutlich,
die er am Tag nach der Abfassung des Gedichtes schreibt:

30. August 1940/Freitag
*„Renerles Erfassung durch das Arbeitsamt ... bedeutet
eine ungeheure Gefahr für die eventuell für eine Deportation anzulegenden Listen; sie kann nun vielleicht nicht mehr
in unserem Haushalt, wie man das nennt, untertauchen.
Das ist so schwer: kein eigenes Kind zu haben; sein Stief-
kind so zu lieben, daß man ein eigens um nichts anderes
haben möchte – und es dann in dieser entsetzlichen, wachsenden Bedrohung zu wissen."*

Glücklicherweise kann Klepper drei Tage später in seinem
Tagebuch notieren, dass es für Renate noch nicht zum
Schlimmsten gekommen ist:

2. September 1940/Montag
*„Dieser Tag gehört Renerle. Von halb sieben bis halb zwei
war es auf dem Arbeitsamt gewesen, mit vielen Gefährtin-
nen, und es ist für Siemens, also für die exponierte Rüstungsindustrie, bestimmt ...*

Der Ton auf dem Arbeitsamt war freundlich. An solchen Tagen habe ich plötzlich unversehens immer wieder einmal ihre Hand in meiner, als wäre sie noch klein und wir gingen zur Christnacht. Das ist ihr wohl unbewußt. – Die andere Seite der Zwangsarbeit: viele verarmte Juden begrüßen sie als ihre vorläufige Rettung."

Soweit zu der Entstehungsgeschichte des „*Trostliedes am Totensonntag*". Wenn wir jetzt im Einzelnen auf das Lied eingehen, dann soll hier gleichzeitig festgehalten werden: Jochen Klepper war, so wie wir, ein schwacher Mensch. Er war kein Glaubensheld.

Noch heute wird ihm manchmal vorgeworfen, dass er für sich und seine Familie schließlich den Freitod gewählt hat. Natürlich soll der besondere Lebensweg Kleppers nicht verherrlicht werden. Trotzdem sollten wir ihn, wie ich meine, für seine letzte Entscheidung nicht verurteilen.

Was ich an Klepper beeindruckend finde, ist vielmehr dies: Ein schwacher, angefochtener Mensch hat versucht, den Trost an andere weiterzugeben, den er selbst in der Bibel, in Gottes Wort, gefunden hat. Er hat damit das getan, was auch der Apostel Paulus getan hat, der zu Anfang des 2. Korintherbriefes schreibt:

„Gelobt sei Gott, der Vater unseres Herrn Jesus Christus, der Vater der Barmherzigkeit und Gott allen Trostes, der uns tröstet in aller unserer Trübsal, damit wir auch trösten können, die in allerlei Trübsal sind, mit dem Trost, mit dem wir selber getröstet werden von Gott." (2. Korinther 1, 3–4)

Mit Paulus und mit Klepper können wir erkennen: Es ist kein Zeichen von Schwäche, wenn ein schwacher Mensch sich von Gott trösten lässt. Vielmehr dürfen wir uns mit unserem Glauben an dem „*Vater der Barmherzigkeit und Gott allen Trostes*" festhalten.

Ich möchte nun versuchen Ihnen aufzuzeigen, wie Klepper in den Worten der Bibel Trost gefunden hat.

Nun sich das Herz von allem löste,   EG 532.1
was es an Glück und Gut umschließt,
komm, Tröster, Heilger Geist, und tröste,
der du aus Gottes Händen fließt.

Der erste Halbvers der drei Strophen beschreibt einen
Trauerweg. Die erste Strophe setzt mit der schweren Aufgabe ein: Wir müssen Abschied nehmen von Menschen
oder von Plänen, die uns lieb und teuer waren. Alleine, aus
eigener Kraft, schaffen wir das kaum. Deshalb die flehent-
liche Bitte von Klepper: „Komm . . ." Und hier schon, mit
diesem „Komm . . .", nimmt Klepper ein Wort aus der
Bibel auf. So lauten die letzten Worte der Bibel in der
Offenbarung des Johannes:

„Es spricht, der dies bezeugt: Ja, ich komme bald. Amen,
ja, komm, Herr Jesus! Die Gnade des Herrn Jesus sei mit
allen!" (Offenbarung 22, 20 f.)

Die Situation der Christen zur Zeit der Abfassung der Offenbarung war verzweifelt. Durch Christenverfolgungen
mussten sie um ihr nacktes Leben bangen. Vor diesem Hintergrund ist die dringende Bitte der Offenbarung zu verstehen: „Amen, ja, komm, Herr Jesus!" Und auch mancher
von uns hat in ähnlicher Weise diesen Stoßseufzer schon
mitunter auf der Zunge gehabt.

Biblisch begründet ist auch, dass Gott uns den Heiligen
Geist, den Tröster, schickt. Nach dem Johannesevangelium
hat Jesus Christus ihn bei seinem Abschied seinen Jüngern
verheißen. Jesus Christus spricht:

„Der Tröster, der heilige Geist, den mein Vater senden
wird in meinem Namen, der wird euch alles lehren und
euch an alles erinnern, was ich euch gesagt habe."

(Johannes 14, 26)

„Der wird euch erinnern . . ." Das finde ich bemerkens-
wert. Wenn wir einander trösten wollen, dann sagen wir

oft: „Die Zeit heilt Wunden", mit anderen Worten: Der Trost liegt im Vergessen. Jesus dagegen sagt: Der Trost liegt darin, dass wir uns erinnern; erinnern an Gott und an seine großen Möglichkeiten; erinnern an seine Worte.

Deshalb können wir uns auch getrost erinnern an die Zeit, die wir mit einem geliebten Menschen verbringen durften. Diese Zeit war ein Geschenk Gottes.

> Nun sich das Herz in alles findet,   EG 532.2
> was ihm an Schwerem auferlegt,
> komm, Heiland, der uns mild verbindet,
> die Wunden heilt, uns trägt und pflegt.

Auch in der zweiten Strophe wird zunächst ein Weg der Trauer beschrieben. Nach dem Loslassen geht es jetzt einen Schritt weiter: Wir müssen uns mit der neuen und oft so schweren Situation abfinden. Aber eben, wer kann das schon aus sich allein heraus? Deshalb auch hier wieder die Bitte: *„Komm . . . "*

Nun geht hier die Anrede an Jesus. Die Formulierung von Klepper lässt an den barmherzigen Samariter denken. Der barmherzige Samariter hilft nach Jesu Gleichnis dem Zusammengeschlagenen und Ausgeraubten. Er reinigt die Wunden und verbindet sie. Er trägt den unter die Räuber Gefallenen auf sein Reittier und pflegt ihn in einer Herberge. Es gibt eine Auslegungstradition, die besagt, dass Jesus mit dem barmherzigen Samariter letztlich sich selbst gemeint hat.

Und so ist es ja auch: Jesus ist in unsere Welt hineingekommen. Er hat uns erlöst, die wir im übertragenen Sinne unter die „Räuber" von Sorgen, Krankheit und Tod gefallen sind. Er verbindet und heilt unsere Wunden.

Nun sich das Herz zu dir erhoben   EG 532.3
und nur von dir gehalten weiß,
bleib bei uns, Vater. Und zum Loben
wird unser Klagen. Dir sei Preis!

Die dritte Strophe bringt zum Ausdruck, dass sich auf dem
Trauerweg eine neue Dimension ergeben hat. Bei Gott
wurde Trost gefunden. Aber das Schwere ist ja doch immer
noch da. Deshalb die Bitte: *„Bleib bei uns . . ."* Mich erinnert diese Formulierung an die Begegnung, die der aufer-
standene Jesus Christus mit den Emmausjüngern gehabt
hat. Zwei Jünger waren nach der Kreuzigung Jesu traurig
und mutlos aus Jerusalem weggegangen, um auf dem Weg
nach Emmaus wieder einen klaren Kopf zu bekommen. Da
gesellt sich ihnen Jesus unerkannt an die Seite und spendet
ihnen aus den Worten der Bibel Trost. Schließlich sagen
die Jünger zu ihm:

*„Bleibe bei uns; denn es will Abend werden und der Tag
hat sich geneigt. "* (Lukas 24, 29)

Durch den biblischen Bezug ist damit gleichzeitig angedeu-
tet, dass vor jedem Trauernden ein langer Weg liegt.

In Kleppers Lied heißt es schließlich: *„Und zum Loben
wird unser Klagen. Dir sei Preis!"* Was hier bei Klepper
recht kurz aufeinander folgt, beschreibt das Ergebnis eines
langen Weges; ein Ergebnis, das letztlich nicht unserem
Willen unterworfen ist. Dafür steht das passive *„wird"*.
Aber es *„wird"* bestimmt. Voll und ganz an sein Ziel
gekommen ist dieser Weg aber erst, wenn Gott sein ewiges
Reich für immer errichtet. So steht es auch zum Beispiel im
1. Petrusbrief:

*„Dann werdet ihr euch freuen, die ihr jetzt eine kleine Zeit,
wenn es sein soll, traurig seid in mancherlei Anfechtungen,
damit euer Glaube als echt und viel kostbarer befunden
werde als das vergängliche Gold, das durchs Feuer geläu-*

tert wird, zu Lob, Preis und Ehre, wenn offenbart wird Jesus Christus." (1. Petrus 1, 6 f.)

„Deine Gnade ist mein Trost." Diese Worte hat Klepper, wie gesagt, über sein Kirchenlied geschrieben. Von Gottes tröstender Gnade wollte er singen.

Die drei Strophen sind trinitarisch gestaltet. Es ist die Rede vom Heiligen Geist, von Jesus und von Gott, dem Vater. Das ist der Trost des dreieinigen Gottes: Aus Gnade hat uns Gott das Leben geschenkt. Er ist und bleibt unser Vater. Aus Gnade hat uns Jesus aus unserer Schuldverflochtenheit erlöst. Aus Gnade tröstet uns der Heilige Geist in Schwierigkeiten und Nöten und führt uns gnädig ans Ziel.

„Deine Gnade ist mein Trost." Zu dieser Tröstung Gottes dürfen wir schließlich und endgültig gelangen in Gottes ewigem Reich. Hier sind alle unsere Leiden und Traurigkeiten überwunden. Denn:

„Gott wird abwischen alle Tränen von ihren Augen, und der Tod wird nicht mehr sein, noch Leid noch Geschrei noch Schmerz wird mehr sein; denn das Erste ist vergangen. Siehe, ich mache alles neu." (Offenbarung 21, 4 f.)

Amen.

Familie Klepper vor dem Haus in Südende (1936 oder 1937).

Ein Leben auf der Grenze

Leben und Werk des Dichters Jochen Klepper (1903–1942)

Alle Grenzen meiner Tage
 biege, Gott, in Deinen Kreis,
 daß ich nur noch Worte sage,
 die ich von Dir kommen weiß!

Dieses vierzeilige Gedicht (Ziel der Zeit, S. 8) von Jochen Klepper kann uns helfen, sein Leben und Werk zu erschließen. Es ist ein Gebet, das zum Ausdruck bringt, dass der Schriftsteller und Liederdichter die meiste Zeit ein Leben auf der Grenze geführt hat.

Schon als Kind stieß Klepper an seine gesundheitlichen Grenzen: Er litt unter schweren Asthma-Anfällen.

Eine weitere Grenzerfahrung hing später mit seinem Elternhaus zusammen. Durch seine Eltern war er so geprägt, dass zwei Seelen in seiner Brust schlugen. Die eine war die theologisch-pastorale – für die sein Vater stand. Sein Vater war evangelischer Pfarrer. Die andere war die künstlerisch-extravagante. Diesen Zug hatte er von seiner Mutter erhalten. Wie sollte er diesen innerseelischen Grenz-Konflikt lösen und seinen eigenen Weg finden? Sollte er Pfarrer werden oder Schriftsteller?

Zu den einschneidensten Grenzerfahrungen aber kam es durch die Eheschließung mit der Jüdin Hanni Stein. Der nationalsozialistische Staat, dessen preußische Grundlagen er vollauf bejahte, grenzte ihn wegen angeblicher Rassenschande zusehends aus. Als die Zwangsscheidung und Deportation seiner Familie nicht mehr abzuwenden war, flüchtete er sich mit seiner Frau Hanni und der Tochter Renate in den Freitod.

Es ist erstaunlich, dass Klepper dem inneren und äußeren Druck überhaupt so lange standgehalten hat. Eine besondere Kraftquelle war ihm dabei das Wort Gottes, wie es in der Bibel seinen Niederschlag gefunden hat. Hier hat er Halt und Trost für sein eigenes Leben gefunden. Und diese Kraftquelle hat er auch für viele seiner Zeitgenossen erschlossen. Der stärkste Ausdruck dafür sind seine Kirchenlieder. Im Evangelischen Gesangbuch (EG) sind zwölf Lieder von Jochen Klepper enthalten.

Berühmt aber wurde Klepper schon zu Lebzeiten durch den Roman *„Der Vater"*, der das Leben vom Preußenkönig Friedrich Wilhelm I. nachzeichnet.

Erst lange nach seinem Tode erschienen 1956 seine Tagebücher unter dem Titel *„Unter dem Schatten deiner Flügel"*. Hier sprach eine Stimme der Angst, der Treue und des Glaubens mitten in die Zeit des so genannten Wirtschaftswunders hinein; in eine Welt, die sich gerade darauf einrichtete, die „dunklen Jahre" des Nationalsozialismus möglichst zu vergessen. Seitdem hat das Leben und Werk Jochen Kleppers seinen festen Platz erhalten – zumindest in der deutschsprachigen Christenheit.

Wer ist dieser Mann mit den ernsten braunen Augen? Auf andere, auch auf Menschen, die ihn gut kennen, strahlt Jochen Klepper „den Eindruck einer großen beherrschten Milde aus". Stets war der Dichter auf höfliche Umgangsformen und ein äußerst gepflegtes Erscheinungsbild bedacht. Ein ehemaliger Klassenkamerad erinnert sich daran, dass Klepper schon als Schüler „wie aus dem Ei gepellt, peinlich sauber und adrett" war. Und seine Freunde berichten über den Erwachsenen von seiner auffallenden „beigefarbenen Eleganz".

Dabei ist er seit seiner Jugendzeit ein ängstlicher, im Innersten zerquälter Mensch. Eine „unbeschwerte Leichtigkeit des Seins" hat er wohl nur als Kind erlebt. Sein

Gedicht „*Kosakenjunge*" (Ziel der Zeit, S. 23) spiegelt etwas von seiner guten Kindheit wider.

KOSAKENJUNGE

Ich will kein Buch, ich will kein Spiel,
ich will nicht Schutz, ich will nicht Ziel,
nur Weite!

Ich brauche nur ein kleines Pferd,
und Freunde sind mir gar nichts wert,
ich reite!

Ich frage nicht, ob Zeit vergeht,
ich reite, wo der Wind hinweht,
ins Leere!

Ich bin nicht klug, ich bin nicht brav.
Das Reiten ist mir Kost und Schlaf
und Ehre!

Am 22. März 1903 wird Klepper in Beuthen an der Oder geboren. In diesem niederschlesischen Provinzstädtchen wirkt sein wohlhabender Vater als Festes-froher und ein lebensmutiger Pastor. Er ist geprägt durch die gegründete und weltoffene Frömmigkeit der Herrnhuter. Jochens Mutter ist sehr feinfühlig. Sie stammt aus einer künstlerisch begabten katholischen Familie. Der Junge hat zwei ältere Schwestern und zwei jüngere Brüder.

Schon bald keimt in ihm der Wunsch auf, Theologie zu studieren. Dieser Wunsch konkurriert bis in die letzten Schuljahre hinein mit anderen Berufen wie Soldat, Kinderarzt und schließlich Journalist. Seine frühe und schwere Asthma-Krankheit wirkt auf den sensiblen Jungen prägend.

Er ist 19 Jahre alt, als er im März 1922 am Staatlichen Evangelischen Gymnasium in Glogau das Abitur besteht. Bald darauf schreibt er sich an der Universität Erlangen ein, um dort Theologie zu studieren. Nach zwei Semestern wechselt er nach Breslau. Er wohnt dort in einem kirchlichen Studentenwohnheim. Manchmal lädt er Mitbewohner zu Leseabenden auf sein Zimmer ein und trägt eigene Gedichte vor. Zwar hört er alle notwendigen Vorlesungen und macht die vorgeschriebenen Seminare und Übungen mit. Aber wie schon in Erlangen nutzt er auch in Breslau die Gelegenheit zu einem breit angelegten Studium von Kunst- und Geistesgeschichte.

In Breslau wird ihm besonders der Theologe Rudolf Hermann wichtig. Der Lutherforscher begleitet Kleppers Lebensweg bis kurz vor seinem Tode. In einem Briefwechsel von 1925 bis 1942 wirkt Hermann als theologischer Ratgeber und Seelsorger.

Mit 22 Jahren durchleidet Jochen Klepper eine schwere gesundheitliche und seelische Krise. Seine Eltern haben plötzlich Geldsorgen, die durch die Inflation und Weltwirtschaftskrise ausgelöst wurden.

Ausgerechnet jetzt beschleichen Klepper starke Zweifel an seiner Eignung und Berufung zum Theologen. Er spürt in sich die Neigung zu einem künstlerischen Beruf. In dieser Phase plagen ihn heftige Kopfschmerzen, Halluzinationen und Beängstigungen mit körperlichen Symptomen. Der Theologiestudent lernt in dieser Zeit die tiefsten Abgründe seines menschlichen Wesens kennen. Selbstmordgedanken tauchen in ihm auf.

Dass Jochen Klepper aus diesem Zustand gerettet wird, ist zu einem großen Teil das Verdienst seines Studienfreundes Harald Poelchau, der ihn berät und stützt. Auf seine Erlebnisse mit Klepper und Einblicke mag sich auch beziehen, wenn Poelchau später schreibt (in: Nicht klagen sollst du:

loben! Jochen Klepper in memoriam, S. 26):

„Man muß sich hüten, die Biographie Kleppers künstlich zu glätten oder zu idealisieren."

Klepper selbst ist in dieser Zeit sämtliches Vertrauen auf seine menschlichen Qualitäten abhanden gekommen. Durch die Theologie Martin Luthers aber weiß er sich verstanden und aufgefangen. Fortan versteht er sich mit Luther als Sünder, der sich allein geborgen weiß in der vergebenden Gnade Gottes.

Im April 1928 teilt Klepper Professor Hermann mit, dass er sein Theologiestudium endgültig aufgegeben habe und stellt fest (Briefwechsel, S. 30): *„Na, was ich in der Theologie gewollt habe, bleibt mir ja nach wie vor."*

Seit etwa einem Jahr arbeitet er als Redakteur für kirchliche Rundfunkarbeit beim Evangelischen Presseverband in Breslau. Durch diesen Entschluss allerdings, das Berufsziel Pfarrer völlig dranzugeben, wird die Beziehung zu seinem Elternhaus bis auf die Grundfesten erschüttert. Drei Jahre später ist die Beziehung durch die Eheschließung so gut wie vernichtet.

Als der 26-jährige Jochen Klepper Hanni Stein in Breslau kennen lernte, hatte er sich bereits dem Journalismus zugewandt. Aber sein qualvolles nachpubertäres Entwicklungsstadium war noch nicht überwunden. Die kultivierte, fast 13 Jahre ältere und lebenserfahrene Witwe bot ihm den Halt, den er dringend brauchte. Die elegante Frau brachte ihm Verständnis für seine Wünsche und Pläne entgegen. Hier fand er die Kraft, den eigenen künstlerischen Weg zu suchen und zu gehen. In seinem Tagebuch hat er später einmal festgehalten:

„Wäre Hanni nicht in mein Leben gekommen, es wäre, was datenmäßig bestimmbar ist, eine Familienkatastrophe, krank, wirr und geängstigt, geworden."

Am 28. März 1931 heiraten Johanna Stein, geborene Gerstel, und Jochen Klepper standesamtlich. Die ungewöhnliche Verbindung zwischen der Jüdin ohne große religiöse Bindung und dem gläubigen Protestanten, zwischen der 40-jährigen Frau und dem 28-jährigen Mann wird schicksalsentscheidend.

Auf Hanni Kleppers Einfluss dürfte zurückzuführen sein, dass ihr Mann seine Romanpläne künftig mit größerer Intensität verfolgt. Und als es für Jochen Klepper in Breslau nach vierjähriger Tätigkeit keine genügenden Verdienstmöglichkeiten mehr gibt, stimmt sie einem Umzug nach Berlin zu.

Die Kinderlosigkeit seiner elf Jahre währenden Ehe gehört zu den schmerzlichsten Erfahrungen von Jochen Klepper. An Stelle eines eigenen Kindes schließt er die Stiefkinder Brigitte und besonders die heitere und lebensfrohe Renate in sein Herz. Er sorgt sich um die Erziehung der Töchter wie ein leiblicher Vater.

In Berlin findet Klepper nach längerer Suche einen Posten als Redaktionsassistent im Berliner Funkhaus. Schon in Breslau hatte er sich als einer der ersten in Deutschland erwiesen, die Rundfunk-gerecht zu arbeiten verstanden. Später schreibt er einmal, dass er den Rundfunk „kapiert" habe. Nach seinem Tod sollte sich zeigen, dass er auch Begabung für das Abfassen von Filmdrehbüchern besessen hätte – zum Beispiel als sein Oder-Roman *„Der Kahn der fröhlichen Leute"* von der DEFA verfilmt wurde (1950 uraufgeführt in Ost-Berlin).

Aber schon in Breslau deutete sich an, dass Klepper keine geradlinige journalistische Laufbahn haben würde. Schon in Breslau waren deutsch-nationalistische Stimmen gegen den angeblich „verjudeten" Rundfunk laut geworden – und damit auch gegen ihn. Als am 30. Januar 1933 Adolf Hitler zum Reichskanzler gewählt wird, zeichnet sich schon bald ab, dass Klepper seine Stellung verlieren würde: wegen seiner ehemaligen SPD-Mitgliedschaft und der Ehe mit einer jüdischen Frau. Wie ein geworfener Stein, dessen Flugbahn jäh unterbrochen wird – so fühlt sich Klepper, als er im Juni 1933 tatsächlich nach 30 Wochen aus dem Berliner Rundfunk entlassen wird.

Es ist die Tragik in seinem Leben, dass immer dann, wenn er eine Last halbwegs abschütteln konnte, eine noch schwerere Last auf ihn wartete. Wie soll jetzt sein Leben weitergehen, da ihm fast sämtliche Existenzgrundlagen entzogen sind?

In dieser politisch und wirtschaftlich für ihn und seine Familie so bedrohlichen Zeit sucht und findet Klepper seine Zuflucht bei Gott. Mit Martin Luther bekennt er: *„Gott reißt das Übel nicht von der Person, sondern die Person vom Übel."*

Am Tag seiner Entlassung (7. 6. 1933) meditiert er über seinem Taufspruch, Jesaja 43, 1:

„Fürchte dich nicht, denn ich habe dich erlöst; ich habe dich bei deinem Namen gerufen; du bist mein!"

Ein paar Tage zuvor (24. 5. 1933) hat er einmal unter Aufnahme seines Taufspruchs gedichtet (Ziel der Zeit, S. 9):

> Ohne Gott bin ich ein Fisch am Strand,
> ohne Gott ein Tropfen in der Glut,
> ohne Gott bin ich ein Gras im Sand
> und ein Vogel, dessen Schwinge ruht.
> Wenn mich Gott bei meinem Namen ruft,
> bin ich Wasser, Feuer, Erde, Luft.

Mit wachen Augen und äußerst kritisch nimmt Jochen Klepper den so genannten „nationalen Aufstieg" des deutschen Volkes zur Kenntnis. Ganz im Gegensatz zu der „Hurra-Stimmung", die während des „Tausendjährigen

Reiches" betrieben wurde, schreibt er das Gedicht „Einer neuen Zeit". Mit dieser Selbstvorstellung eröffnet übrigens der Gedichtband „Ziel der Zeit", der erst posthum 1962 erschienen ist (s. dort, S. 7):

Einer neuen Zeit
　　Ich bin kein Anfang, keine Mitte.
　　Ich bin der Mensch, der seine Schritte
　　zu einem weiten Abschluß lenkt.

Ich wachse in ein klares Ende
　　und bin in die Jahrtausendwende
　　vor ihrem Anbruch ganz versenkt.

Sooft sich meine Augen schließen,
　　will eine Zeit zur Mündung fließen,
　　die Gott ihr vorgezeichnet hält.

Ich soll beschließen, nicht beginnen,
　　und muß aus Gottes Händen rinnen,
　　bevor er neu sein Feld bestellt.

Er will die volle Stunde schlagen.
　　Ich werde es den Menschen sagen
　　auf meinem Gang durch seine Welt.

1937 erscheint das Buch bei der Deutschen Verlags-Anstalt, das Klepper auf einen Schlag berühmt macht: *„Der Vater. Der Roman des Soldatenkönigs."*

Drei Jahre hat diese Arbeit über Friedrich Wilhelm I. von Preußen gedauert. Dabei musste Klepper immer wieder feststellen, dass es sehr schwer ist, frommes Leben darzustellen. Für Klepper ist Friedrich Wilhelm kein gewalttätiger, bigotter Monarch, als den man ihn zuvor sah und auch heute meist noch sieht. Der König ist für ihn ein frommer Herrscher, ein leidender und opferbereiter Mensch, der weiß: *„Könige müssen mehr leiden können als andere Menschen.“* Erschlossen hat sich Klepper dieser besondere Zugang zum Soldatenkönig, als er in Potsdam die Bilder sah, die der König einst gemalt hatte. Unter der Hand hat der Schriftsteller mit *„Dem Vater“* ein Gegenbild zu den nationalsozialistischen Herrschern entworfen, die Gottes Gebote nicht respektieren.

Neben seiner Frau trägt besonders der Schriftsteller Reinhold Schneider die Entstehungs-Schmerzen um Kleppers Roman verstehend und teilnahmsvoll mit. Als der Roman 1937 endlich erscheinen kann, hilft Schneider mit, dem Buch durch Rezensionen den Weg zu bahnen. Überhaupt weiß sich Klepper von Reinhold Schneider, dem Autor des Buches *„Die Hohenzollern“*, aufs Beste verstanden. Es entwickelt sich eine tiefe Freundschaft zwischen ihm und dem Katholiken Schneider. Auch über das Verhältnis und Verständnis ihrer Kirchen tauschen sie sich eingehend aus. Zu der Tragödie der konfessionellen Glaubensspaltung haben beide dieselbe Meinung, die Schneider mit den Worten auf den Punkt bringt:

„Es ist gewiß wahr: Mit dem Geheimnis müssen wir uns bescheiden; aus dem Grunde bin ich ja auch nie für die so vielen gutgemeinten Versöhnungsversuche gewesen; daß am Kreuz sich alle Blicke und Wege treffen, soll uns genug sein.“

Rückblickend schreibt Schneider über seine Freundschaft zu Klepper:

„An der Wiedererrichtung des Kreuzes in meinem Leben hat er einen großen Anteil. Mehr kann Freundschaft nicht sein.“

Zu seiner eigenen Kirche allerdings hat Klepper ein gespaltenes Verhältnis. Er ist tief enttäuscht über die Teilnahmslosigkeit, mit der die evangelischen Christen das Geschick der Juden hinnehmen. Im März 1933 schreibt er in sein Tagebuch:

„Ich bin kein Antisemit, weil kein Gläubiger es sein kann. Ich bin kein Philosemit, weil kein Gläubiger es sein kann – Aber ich glaube an das Geheimnis Gottes, das er im Judentum beschlossen hat; und deshalb kann ich nur darunter leiden, daß die Kirche die gegenwärtigen Vorgänge duldet. Ich ahne, was es heißt, Knecht Gottes zu sein."

In den Gottesdiensten stören ihn die oberflächlichen Predigten, die sich nach seiner Meinung zu sehr auf Menschenweisheit gründen, statt in Gottes Wort verwurzelt zu sein. Zum Beispiel notiert er am 24. Juni 1934 in sein Tagebuch:

„Der Versuch mit der Kirche war wieder vergeblich. Es ist nicht anders: ich bin ‚geistlich' wie ausgehungert und fürchte mich vor der Inzucht und der Kontroll-Losigkeit meines religiösen Denkens.

In Luther geblättert: und sofort kommt die Beruhigung. In Kant gelesen: und Einzelheiten faszinieren mich; das meiste kann ich aus Mangel an Intelligenz nicht lesen . . .

Mit Luther steht es anders. Luther ist Ersatz für Kirchenbesuch.

Der Hunger, der wirklich nur so zu nennende Zustand, nach der Auslegung der Bibel und die Unruhe des Blutes scheinen mir zwei völlig gleich starke Mächte zu sein."

Schon lange beobachtet Klepper mit Skepsis den Weg seiner Kirche. Ihre freudig begrüßte Anerkennung durch die neuen nationalistischen Kräfte ist ihm so fremd, dass er meint, diese Kirche sei sein Todfeind. Trotzdem muss er feststellen:

„Aber ich kann nicht aus ihr austreten. Es hält mich etwas, das bis auf den ersten Jüngerkreis zurückreicht."

Bei allem Versagen erkennt er in der Kirche doch immer die Gemeinde Christi. Für diese trotz aller Unzulänglichkeiten geheiligte Kirche zu schreiben, ist sein sehnlichster Wunsch. Klepper wollte Dichter der Kirche werden – und er ist es geworden.

1937, in dem Jahr, als er aus der Reichsschrifttumskammer ausgeschlossen wird und damit als Schriftsteller in Deutschland so gut wie erledigt ist, findet in Berlin ein Fest der deutschen Kirchenmusik statt. Es steht unter dem Thema: „Neue Musik zu neuen Texten". Klepper hört davon und ist zunächst sehr enttäuscht, dass keine Arbeiten von ihm zu diesem Anlass vorgesehen sind. Er schreibt:

„Hier, hier vor allem sind die, zu denen ich gehöre; und von ihnen werde ich am verletzendsten ausgeschaltet."

Aber in letzter Minute will man dann auch von Klepper „Geistliche Lieder und Gedichte" anlässlich der kirchenmusikalischen Festwoche herausbringen. So erscheinen 1937 insgesamt neun Gedichte in Form eines Flugblattes. Für Klepper bedeutet die erste Veröffentlichung seines Liedschaffens eine große Ermutigung. Diese erste Sammlung kommt unter dem Titel heraus: *„Du bist als Stern uns aufgegangen."*

So lautet auch die Anfangszeile des ersten Kirchenliedes, das Klepper gedichtet hat (Kyrie, S. 21–23) Unter der Überschrift *„Das Kirchenjahr"* führt es in sieben Strophen durch die hohen Festtage des liturgischen Kalenders.

Es ist kein Zufall, dass Kleppers erstes Lied das Kirchenjahr zum Inhalt hat. Klepper lebt in den Festen des Kirchenjahres: Karfreitag, Ostern, Pfingsten – und besonders Weihnachten. Diese Festtage geben ihm Sinnerfüllung und Halt in einer sinnlosen und für ihn bedrohlichen Zeit.

Du bist als Stern uns aufgegangen,
   von Anfang an als Glanz genaht.
   Und wir, von Dunkelheit umfangen,
   erblicken plötzlich einen Pfad.
   Dem Schein, der aus Wolken brach,
   gingen wir sehnend nach.

Am Ende unserer weiten Fahrten
   gabst du uns in dem Stalle Rast.
   Was Stroh und Krippe offenbarten,
   ward voll Erstaunen nur erfaßt.
   Die Zeichen blieben nicht mehr Bild,
   Verheißung war erfüllt.

Und über Stall und Stern und Hirten
   wuchs Golgatha, dein Berg, empor.
   Nah vor den Augen der Verirrten
   trat aus der Nacht dein Kreuz hervor.
   Dort neigtest du für uns dein Haupt.
   Da haben wir geglaubt.

Vor deines Felsengrabes Höhlung
   ward hart und schwer ein Stein gestemmt.
   Am Morgen kamen wir zur Ölung
   und fanden nur dein Totenhemd.
   Kein Fels hat deinen Weg gewehrt.
   Wir folgten, Herr, bekehrt.

In deines Herzens offene Wunde
   hast selbst du unsere Hand gelegt,
   uns bis zu deiner Abschiedsstunde
   mit Brot und Wein bei dir gehegt.
   Die Wolke, die dich aufwärts nahm,
   trug uns aus Angst und Scham.

Als eine Taube, lichtumflossen,
hast du dich sanft herabgesenkt,
uns mit dem Feuerglanz begossen
und die Verlassenen beschenkt.
Denn weil der Himmel offensteht,
gabst du uns das Gebet.

Durch Stern und Krippe, Kreuz und Taube,
durch Fels und Wolke, Brot und Wein
dringt unaufhörlich unser Glaube
nur tiefer in dein Wort hinein.
Kein Jahr vor unserer Zeit verflieht,
das dich nicht kommen sieht.

Am 18. Juni 1935 vermerkt Klepper dankbar die Entstehung dieses ersten Liedes in seinem Tagebuch: *„Der Versuch eines Kirchenliedes".* An eben diesem Tag schreibt er übrigens auch folgende Worte ins Tagebuch, die später vielen Menschen zum Trost geworden sind:

„Manchmal denkt man, Gott müßte einem in all den Widerständen der Arbeit ein sichtbares Zeichen geben, das einem hilft. Aber dies eben ist sein Zeichen: daß er einen durchhalten und es wagen und dulden läßt."

Für den Schriftsteller hat sich ein neues Betätigungsfeld eröffnet. Schon am 6./7. Juli 1935 heißt es: *„Der Versuch eines zweiten Kirchenliedes".* Und unter dem 3. Januar 1936 lesen wir in seinem Tagebuch den Vorsatz: *„Ich möchte Kirchenlieder schreiben über die Texte der einzelnen Sonntage . . ."*

Die Predigttexte, die den einzelnen Sonntagen zugrunde liegen: Das entspricht auch seinem Plan, den der Mediengerecht denkende Klepper am gleichen Tag notiert:

„Ich möchte ‚kleine Bibeln' machen; vielleicht, daß mancher sie dann eher läse: Die Bibel unter dem Thema

‚Weihnachten‘, ‚Ostern‘, ‚Pfingsten‘, ‚Saat und Ernte‘, ‚Krankheit‘, ‚Armut und Besitz‘, ‚Der König‘, ‚Vater und Sohn‘ usf. ...“

Und was will Klepper als Liederdichter bei seinen Lesern erreichen? Kurz gesagt: Er möchte hinführen zur Bibel und zu Gott. Er möchte Trost geben; Trost aus Gottes Wort. Vor allem aber will er durch sein Loben und Danken Mut machen zum Glauben und zum Leben. In rascher Folge schreibt er drei Weihnachtslieder und ein Neujahrslied. Darunter sind seine bekannten Lieder: „*Die Nacht ist vorgedrungen*" (EG 16) und „*Der du die Zeit in Händen hast*" (EG 64).

Klang so das Jahr 1937 aus, wird 1938 für ihn vollends zum „Liederjahr". Von April bis Juli entstehen sieben Kirchenlieder, zum Beispiel „*Er weckt mich alle Morgen*" (EG 452) und „*Ja, ich will euch tragen*" (EG 380).

Am 22. Juni 1938 besucht Klepper mit seiner Frau in Potsdam ein Kirchenkonzert der Sängerin Emmy Leisner. Seine Frau sagt: „*Deine Lieder einmal von der Leisner gesungen hören.*" Er schreibt darauf ins Tagebuch: Er wünsche es sich „*am meisten: von der Gemeinde*".

Die geistlichen Lieder Kleppers entstehen in den Jahren 1935 bis 1940. Es besteht kein Zweifel daran, dass er sie aus existentieller Notwendigkeit geschrieben hat. Beispielsweise hält er am 12. November 1937 fest:

„*Ich schrieb ein neues Kirchenlied, wie oft, wenn mir um Trost sehr bange ist.*"

Klepper leidet darunter, wenn ihm lange Zeit kein Gedicht mehr gelungen ist – nicht, weil ihn ein literarischer Ehrgeiz dazu bewegt, Kirchenlieder zu schreiben. Vielmehr ist es sein eigenes Trostbedürfnis. Alle Gedichte schreibt Klepper zunächst für sich selbst zur Vergewisserung. Angesichts der äußeren Bedrängnisse schreibt sich Klepper sozusagen

„die Welt wieder gerade". Es ist ein ähnlicher Vorgang wie bei einem Prediger, der den Bibeltext zunächst einmal sich selbst predigt.

Und der angefochtene Schriftsteller findet tatsächlich Trost über seinen Gedichten. Denn es sind Lieder, die in Gottes Wort gegründet sind und die ihn deshalb zum inneren Frieden zu führen vermögen. So lesen wir unter dem 8. Oktober 1938:

„Die dritte Nacht ohne Schlafmittel überstanden. Es muß um des ,Abendliedes' im ,Kyrie' willen sein."

Auch bleiben die Reaktionen auf seine veröffentlichten Lieder nicht aus. Der Dichter erhält dankbare Briefzuschriften. Ihm wird berichtet, dass seine Lieder abgeschrieben und weitergereicht werden.

Mit seinen Kirchenliedern hat sich Kleppers Wunsch erfüllt, dass er doch noch für seine Mitmenschen den Pastorenberuf ausüben kann – auf seine besondere Weise. So hatte er einmal seinem Tagebuch anvertraut:

„Ich bitte Gott immer wieder, daß er aus meinem Schreiben etwas wie ein Pfarramt, daß er aus meinem Familienleben und unserem Haushalt etwas wie ein Pfarrhaus mache."

Schon im Februar 1939 schreibt ihm Walter Tappolet, ein Schweizer Kirchenmusiker: Sein Abendlied *„Ich liege, Herr, in deiner Hut"* (EG 486) soll in einer gekürzten Fassung in das neue evangelische Gesangbuch der deutschsprachigen Schweiz aufgenommen werden. Klepper ist tief bewegt und notiert:

„Nun ist da, was ich erst am Ende meines Lebens für möglich hielt, ja, nach dem Tode. Das begreife ich immer mehr: für den Gemeindegebrauch tut Kürze not."

Kirchenvertreter nehmen Verbindung mit ihm auf. Bekenntnispastoren wie Helmut Gollwitzer oder Generalsuperintendent Otto Dibelius bitten um Lieder für das geplante Gesangbuch der Bekennenden Kirche. Besonders gefragt sind Kasuallieder, also Lieder zu Hochzeit, Taufe oder Beerdigung. Aber Klepper kann solche Lieder nicht einfach aus eigener Kraft „machen". Er schreibt:

„Am Kirchenliede arbeite ich jeden Tag. Aber ich kann warten. Das Lied hat andere Voraussetzungen, als die ahnen, die es von der Zeit gefordert sehen: sehr harte Voraussetzungen: Leicht läßt Gott uns nicht singen."

Je mehr sich die bedrohliche Situation um seine Familie zuspitzt, desto mehr verstummt Klepper. Anhand der Tagebücher lässt sich dieser Prozess in beklemmender Weise nachvollziehen.

8. 12. 1941:

„Nun alle große Arbeit nicht mehr entstehen kann, werde ich wohl auch kein Gedicht, kein Kirchenlied mehr schreiben können; es geht von innen und außen nicht mehr, obwohl die Liebe zu Gott sich nicht wandelt."

14. 12. 1941:

„Lieder vermag ich nicht mehr zu schreiben, es sei denn das Klagelied des großen Sabbats. Liebe, Lob, Dank tragen also das Lied nicht: es ist nicht möglich ohne das Vertrauen. Und hier ist es dem Widersacher gelungen, mich zu verstören."

6. 1. 1942:

„Seit 1937 war es aber wohl das erste Weihnachten oder Jahreswende, zu dem ich kein Lied schrieb. Den Weg zum Liede sehe ich überhaupt nicht mehr: das Lied ist ohne die völlige Einwilligung in Gottes Willen nicht möglich . . . Von anderem als dem Leben unter Gott wüßte ich aber nach wie vor nichts zu schreiben."

So bleiben seine letzten Lieder, die Jochen Klepper geschrieben hat, das *„Trostlied am Totensonntag"*: *„Nun sich*

das Herz von allem löste" (EG 532) und das Weihnachtslied
„Wer warst du, Herr, vor dieser Nacht?" (Kyrie, S. 24 f.)

> Wer warst du, Herr, vor dieser Nacht?
> Der Engel Lob ward dir gebracht.
> Bei Gott warst du vor aller Zeit.
> Du warst der Glanz der Herrlichkeit.
> Beschlossen war in dir, was lebt.
> Geschaffen ward durch dich, was webt.
> Himmel und Erde ward durch dich gemacht.
> Gott selbst warst du vor dieser Nacht.

> Wer war ich, Herr, vor dieser Nacht?
> Des sei in Scham und Schmerz gedacht!
> Denn ich war Fleisch und ganz verderbt,
> verloren und des Heils enterbt.
> Erloschen war mir alles Licht.
> Verfallen war ich dem Gericht.
> Ich, dem Gott Heil und Gnade zugedacht,
> war Finsternis und Tod und Nacht!

> Wer wardst du, Herr, in dieser Nacht?
> Du, dem der Engel Mund gelacht,
> dem nichts an Ruhm und Preis gefehlt,
> hast meine Strafe dir erwählt.
> Du wardst ein Kind im armen Stall
> und sühntest für der Menschheit Fall.
> Du, Herr, in deiner Himmel höchsten Pracht
> wardst ein Gefährte meiner Nacht!

Wer ward ich, Herr, in dieser Nacht?
Herz, halte still und poche sacht!
In Gottes Sohn ward ich Sein Kind.
Gott ward als Vater mir gesinnt.
Noch weiß ich nicht: Was werd' ich sein?
Ich spüre nur den hellen Schein!
Den hast du mir in dieser heil'gen Nacht
an deiner Krippe, Herr, entfacht!

Im Dezember 1940 wird Jochen Klepper zum Wehrdienst einberufen. Er lässt sich nicht davon befreien, weil er meint, dass er auf diese Weise seine Frau und die von der Deportation bedrohte Stieftochter Renate am ehesten schützen könne.

Er kommt zur Ausbildung nach Fürstenwalde und übersteht die schwere Zeit besser als erwartet. Schließlich nimmt er bei einer Nachschubeinheit am Rußlandfeldzug teil. Seine Vorgesetzten wissen um seine Situation. Dem Autor des „Vater" bringen sie Verständnis und Bewunderung entgegen, Respekt vor dem Ehemann und Stiefvater. Wohlmeinend sprechen sie mit ihm über eine Scheidung, um ihm bei seinem Fortkommen zu helfen. Und als er energisch abwehrt, bewundert man, wie er zu seiner Frau hält. Trotzdem wird Klepper im Oktober 1941 wegen seiner Ehe als „wehrunwürdig" aus der Wehrmacht entlassen.

Damit ist für die Familie Klepper klar, dass sie nun mit dem Schlimmsten zu rechnen hat. Schon längst hatte der nationalsozialistische Staat begonnen, das Vermögen und Leben der jüdischen Bürger anzugreifen. In Frau Kleppers Verwandtschaft und Freundeskreis mehrten sich die Auswanderungsabsichten und Selbstmorde. Die Judengesetzgebung vom April 1938 verlangt eine Bestandsaufnahme aller jüdischen Vermögen, und zwar auch in Mischehen.

Im November ist das große Judenpogrom, die so genannte

„Reichskristallnacht". Ab Januar 1939 müssen alle jüdischen Bürger die Vornamen Israel oder Sara führen.

Im Mai 1939 gelingt es Kleppers ältester Stieftochter Brigitte, nach England auszuwandern. Renate hat ihre Emigration noch hinausgeschoben. Für Jochen Klepper und seine Frau kommt das Exil nicht in Frage. Der Dichter glaubt, abgeschnitten von Deutschland nicht mehr schreiben zu können; auch würde sein Beruf keine Existenzgrundlage im Ausland bieten. *„Was an den Juden geschieht"*, schreibt Klepper, *„ist eine schwere, schwere Glaubensprüfung – für die Christen."*

Als Klepper von der Wehrmacht heimkehrt, als wehrunwürdig gebrandmarkt und müde, trägt Renate den gelben Juden-Stern. Von nun an geschieht alles, was er noch unternimmt, um die geliebte Tochter zu retten, unter dem Druck schwindender Hoffnung und im wachsenden Bewusstsein der Vergeblichkeit.

Um die drohende Deportation zu verhindern, bittet Klepper um Audienz beim Reichsinnenminister Dr. Wilhelm Frick, der den *„Vater"* des öfteren privat verschenkt hat. Frick verspricht, Renate zur Ausreise zu verhelfen, wenn ein Land sie aufnimmt. Außerdem lässt er Klepper eine Art Schutzbrief zukommen, der für seine Stieftochter auch einige Male wirksam ist.

Nach vielen zermürbenden Anstrengungen geschieht ein kleines Wunder: Die schwedische Regierung erteilt im Dezember 1942 die Einreiseerlaubnis für Renate Stein. Klepper erhält abermals eine Audienz bei Minister Dr. Frick. Aber der kann Renates Ausreise nicht mehr allein ermöglichen. Zudem warnt er Klepper:

„Noch ist Ihre Frau durch die Ehe mit Ihnen geschützt. Aber es sind Bestrebungen im Gange, die die Zwangsscheidung durchsetzen sollen. Und das bedeutet nach der Scheidung gleich die Deportation des jüdischen Teils."

Für die Ausreisegenehmigung ist nun Adolf Eichmann vom Sicherheitsdienst der Geheimen Staatspolizei zuständig, bei dem Klepper am nächsten Tag vorspricht. Doch Eichmann zögert seine Entscheidung für den nächsten Tag hinaus. Angstvoll schreibt Klepper von seinem Besuch im Reichssicherheitshauptamt in sein Tagebuch: *„Ich war in der Welt meiner Träume, es waren die Menschen, die Stimmen, die Räume. Dort, dort liegt die Macht."*

Er befürchtet, dass die Gestapo nur Zeit gewinnen will, um die Zwangsscheidung und Deportation von Hanni und Renate vorzubereiten.

Am nächsten Tag, dem 10. Dezember 1942, steht Klepper um drei Uhr nachmittags wieder vor Adolf Eichmann. Zwei Tage zuvor hatte er ins Tagebuch geschrieben: *„Gott weiß . . ., daß ich alles von ihm annehmen will an Prüfung und Gericht, wenn ich nur Hanni und das Kind notdürftig geborgen weiß."*

Diese Zusage hat ihm Eichmann nicht gegeben. In der Nacht zum 11. Dezember gehen Renate, Hanni und Jochen Klepper gemeinsam in den Tod. Polizisten, die die Toten am nächsten Tag abtransportierten, sollen gesagt haben: *„Wenn sie das vorhatten, war es hohe Zeit."*

Das letzte Bibelwort, das Jochen Klepper in sein Tagebuch schreibt, ist Ausdruck seiner Verzweiflung und Sehnsucht.

„Wenn der Herr die Gefangenen Zions erlösen wird, so werden wir sein wie die Träumenden."

Die allerletzte Eintragung vom Abend vor der Todesnacht ist ohne ein Schriftwort:

„Nachmittags die Verhandlungen auf dem Sicherheitsdienst. Wir sterben nun – ach, auch das steht bei Gott – Wir gehen heute nacht gemeinsam in den Tod. Über uns steht in den letzten Stunden das Bild des Segnenden Christus, der um uns ringt. In dessen Anblick endet unser Leben."

Das Schicksal von Jochen Klepper wirft viele Fragen auf. Wer das Leben Kleppers nur oberflächlich betrachtet, dem kann sich von seinem sicheren Standpunkt aus – im Nachhinein – leicht die Frage an den Dichter selbst stellen: Warum ist er mit seiner Familie nicht eher ausgewandert? Sein Freund Reinhold Schneider gibt in seinem Vorwort zu den Tagebüchern Kleppers eine tief sehende Antwort:

„Alles Bedeutende, das wir von ihm besitzen, ist mit seinem herben Geschick verkettet – so wie er mit dem deutschen und dem jüdischen Volke, dem Volke also, das seine Sendung, das Reich missdeutete und missbrauchte und dadurch ihr Opfer wurde, und den von Anfang Erwählten, die glaubend oder nicht glaubend Gottes Zeichen sein werden bis zum Ende. Die Geheimnisse dieser zwei Sendungen kreuzen sich auf tödliche Weise in Kleppers Leben."

Jochen Klepper hat sein Geschick mit sehenden Augen wahrgenommen. Er ist sein Leben auf der Grenze zu Ende gegangen in dem Bewusstsein: *„Ich lebe, um Gott zu erfahren."* Dass ihn dieser Weg nicht am Leiden vorbei, sondern sogar mitten hinein führen kann, hat er bereits 1928 in seinem Gedicht *„Der heilige Sebastian"* geahnt und bejaht (zitiert nach R. Thalmann, S. 51):

Der heilige Sebastian

Sebastian ist der Heilige der Dichter,
der – wie der Leuchter Zions sieben Lichter –
an seinem Körper tiefe Pfeile trägt

Und, obgleich ganz erfüllt von seinen Wunden,
dem Peiniger zutiefst verbunden,
die Macht sucht, die bestimmt, daß er ihn schlägt.

Diese Suche hat ihn zeitlebens nicht losgelassen. Und bei der Suche hat er Wege und Pfade gefunden, die ans Ziel führen.

Zeittafel

22. 3. 1903   *Jochen Klepper* in Beuthen an der Oder geboren (als drittes Kind). Vater: Georg Klepper (1866–1934) Pfarrer; Mutter: Hedwig Klepper, geb. Weidlich (?–1941), aus kath. Familie stammend.

1. 8. 1914   Ausbruch des Ersten Weltkrieges.

Okt. 1917   Besuch des Staatlichen Evangelischen Gymnasiums in Glogau (Niederschlesien).

Nov. 1918   Revolution, Waffenstillstand, Ausrufung der Republik.

März 1922   Jochen Klepper macht das Abitur.

Mai 1922   Beginn des Theologiestudiums in Erlangen (zwei Semester).

Mai 1923   Wechsel zur Universität Breslau (sechs Semester): breit angelegtes Studium auch der Geistesgeschichte; theologische Lehrer: Rudolf Hermann und Ernst Lohmeyer; erste Gedichtveröffentlichungen.

April 1925   Geldsorgen des Elternhauses durch die Inflation; Klepper durchleidet eine schwere psychisch-physische Krise und unterbricht das Studium.

Mai 1927   Anstellung beim Ev. Presseverband in Breslau als Redakteur für kirchliche Rundfunkarbeit; Mitarbeit am „Eckart".

1928   Abbruch des Theologiestudiums; Konflikt mit dem Elternhaus. Tätigkeit als freier Journalist und Schriftsteller; Pionier auf dem Gebiet der Rundfunkarbeit; Eintritt in den Bund Religiöser Sozialisten (SPD).

Juni 1929   Einzug bei Hanni Gerstel-Stein in Breslau.

1930   Anwachsen der antiparlamentarischen Parteien NSDAP und KPD.

28. 3. 1931   Klepper heiratet Hanni Stein, geb. Gerstel (*1890), eine Witwe mit zwei Kindern: Brigitte (*1920) und Renate (*1922). Der Bruch mit der elterlichen Familie vertieft sich.

Okt. 1931	Übersiedlung nach Berlin.
1932	6 Millionen Arbeitslose in Deutschland.
März 1932	Mietwohnung im Villenvorort Südende.
Sep. 1932	Erste Eintragungen ins Tagebuch; Beginn der Arbeit an *Der Kahn der fröhlichen Leute*.
Okt. 1932	Austritt aus der SPD.
Nov. 1932	Redaktionsassistent im Berliner Funkhaus.
30. 1. 1933	Hitler wird Reichskanzler.
Apr. 1933	Erste Begegnung mit Reinhold Schneider.
7. 6. 1933	Entlassung Kleppers aus dem Rundfunk wegen ehemaliger SPD-Mitgliedschaft und Ehe mit einer jüdischen Frau; Krise.
Juni 1933	Die Deutsche Verlags-Anstalt (DVA) in Stuttgart veröffentlicht den Roman *Der Kahn der fröhlichen Leute*.
Juli 1933	Anstellung im Ullstein-Verlag bei der Funkzeitung „Sieben Tage".
13. 9. 1933	Beginn der Arbeit an dem Roman *Der Vater*.
1934	Aufnahme in die Reichsschrifttumskammer.
2. 8. 1934	Reichspräsident Hindenburg stirbt.
März 1935	Die Novelle *Das Ende* erscheint in einer Zeitschrift; Haus in Südende.
Sep. 1935	Entlassung aus dem Ullstein-Verlag; die Nürnberger Rassegesetze werden erlassen.
1936	Vorarbeiten für den unvollendet gebliebenen Roman *Das ewige Haus* (fragmentarisch 1951 von der DVA unter dem Titel *Die Flucht der Katharina von Bora* veröffentlicht).
1937	Aussöhnung J. Kleppers mit elterlicher Familie.
März 1937	Das Buch *Der Vater. Der Roman des Soldatenkönigs* erscheint bei der DVA; Ausschluss aus der Reichsschrifttumskammer und damit Publikationsverbot.
Sep. 1937	Sondergenehmigung für Publikationstätigkeit aufgrund des Romans *Der Vater*, aber Pflicht zur Vorlage der Manuskripte.

April 1938	Erfassung aller jüdischen Vermögen, auch in Mischehen; sieben *Kirchenlieder* entstehen von April bis Juli.
Juni 1938	*In tormentis pinxit.* Briefe und Bilder des Soldatenkönigs Friedrich Wilhelm I. (DVA).
Juli 1938	*Der König und die Stillen im Lande* (Eckart-Verlag).
Sep. 1937	*Kyrie.* Geistliche Lieder (Eckart-Verlag; Inhalt: 16 Lieder).
9. 11. 1937	Judenpogrom („Reichskristallnacht"); Boykottmaßnahmen.
18. 12. 1937	Taufe von Hanni und christliche Eheschließung.
9. 5. 1939	Kleppers Stieftochter Brigitte Stein kann nach England ausreisen.
Mai 1939	Haus in Nikolassee; Aufsatz: *„Das göttliche Wort und der menschliche Lobgesang".*
1. 9. 1939	Beginn des Zweiten Weltkrieges. Aufsatz: *„Der christliche Roman".*
Mai 1940	3. Auflage des *Kyrie* (13 weitere Lieder).
Dez. 1940	Einberufung Kleppers zum Wehrdienst.
22. 6. 1941	Krieg mit der Sowjetunion; Klepper nimmt am Rußlandfeldzug bei einer Nachschubeinheit teil.
Okt. 1941	Klepper wegen seiner Ehe mit einer Jüdin als „wehrunwürdig" aus der Wehrmacht entlassen.
20. 1. 1942	Wannsee-Konferenz über die so genannte „Endlösung" der Judenfrage: Beginn der Massendeportationen in die Vernichtungslager. Renate Stein von Deportation bedroht. Schutzbrief von Frick.
Dez. 1942	Die schwedische Regierung erteilt die Einreisegenehmigung, Eichmann verweigert die Ausreiseerlaubnis.
11. 12. 1942	Das Ehepaar Klepper und die Tochter Renate sterben durch Selbsttötung.

Literaturverzeichnis

- Block, Detlev — Dass ich ihn leidend lobe: Jochen Klepper, Leben und Werk, Lahr 1994[3].

- Grosch, Heinz — Nach Jochen Klepper fragen. Annäherung über Selbstzeugnisse, Bilder und Dokumente, Stuttgart 1982.

- Handbuch zum Evangelischen Gesangbuch — Komponisten und Liederdichter des Evangelischen Gesangbuchs Bd. II; Liederkunde zum Evangelischen Gesangbuch Bd. III, Göttingen 1999 ff.

- Henkys, Jürgen — Jochen Kleppers Mittagslied, in: Theologische Versuche 6, Berlin 1975, S. 269–274.

- Henkys, Jürgen — Zum Liedschaffen Jochen Kleppers, in: Die Zeichen der Zeit, 21. Jahrgang, Berlin 1967, S. 458 ff.

- Klepper, Jochen — Der Kahn der fröhlichen Leute (1933), Hamburg 1972.

- Klepper, Jochen — Der Vater. Roman des Königs (1937), München 1991.

- Klepper, Jochen — Kyrie – Geistliche Lieder (1938), Bielefeld 1998, 20. Auflage.

- Klepper, Jochen — Das göttliche Wort und der menschliche Lobgesang, in: Kurt Ihlenfeld (Hg.), Das Buch der Christenheit. Betrachtungen zur Bibel, Berlin 1939, S. 128–162.

- Klepper, Jochen — Die Flucht der Katharina von Bora. Romanfragment (1951), Stuttgart 2000.

- Klepper, Jochen   Unter dem Schatten deiner Flügel. Aus den Tagebüchern der Jahre 1932–1942 (1956), Gießen 1997.

- Klepper, Jochen   Ziel der Zeit – Die gesammelten Gedichte (1962), Bielefeld 2001, 6. Auflage.

- Klepper, Jochen   Überwindung. Tagebücher und Aufzeichnungen aus dem Kriege, Stuttgart 1959.

- Klepper, Jochen   Briefwechsel 1925–1942. Herausgegeben und bearbeitet von Ernst G. Riemschneider, Stuttgart 1973.

- Klepper, Jochen   Der du die Zeit in Händen hast: Briefwechsel zwischen Rudolf Hermann und Jochen Klepper 1925–1942, unter Mitarbeit. von Arnold Wiebel, hg. v. Heinrich Assel, München 1992.

- Kohler, Oliver (Hg.)   In deines Herzens offene Wunde. In Erinnerung an Jochen Klepper (1903–1942), Hünfelden-Gnadenthal o. J.

- Lubos, Arno   Jochen Klepper, Werke. Beschreibung und Biographie, Hollfeld 1978.

- Riemschneider, Ernst G.   Der Fall Klepper. Eine Dokumentation, Stuttgart 1975.

- Thalmann, Rita   Jochen Klepper. Ein Leben zwischen Idyllen und Katastrophen, München 1992, 2. Auflage.

- Wecht, Martin   Jochen Klepper, ein christlicher Schriftsteller im jüdischen Schicksal, Düsseldorf 1998.

- Wentorf, Rudolf (Hg.)   Nicht klagen sollst du: loben! Jochen Klepper in memoriam, Gießen 1967.

Bibelstellenregister

Jochen Klepper
Kyrie
Geistliche Lieder
20. Auflage, 80 Seiten, Hardcover
€ 7,90 [D], ISBN 3-7858-0242-0

1 MC (I)
€ 15,–* [D]
ISBN 3-7858-0436-9

Ja, ich will euch tragen
Lebensbegleitung mit Worten von
Jochen Klepper
Herausgegeben von Michael
Schibilsky
mit Fotos von Vincent Böckstiegel
36 Seiten, Broschur
€ 3,90 [D]
ISBN 3-7858-0374-5

Die in diesem Bändchen vereinten
Gedichte Jochen Kleppers wollen auch
heute dazu beitragen, dem Glauben in
unübersichtlicher Zeit Sprache und
Raum zu geben. Das mit Farbfotos aus
Israel illustrierte Büchlein eignet sich
auch gut als Geschenkband.

Vokalensemble Sennestadt
Unser Klagen wird zum Loben
Choralsätze zu Jochen Kleppers
Liedern im Gesangbuch
CD mit 12 Liedern
Jochen Kleppers in Neukomposition
€ 14,90* [D], ISBN 3-7858-0460-1

Das Vokalensemble Sennestadt/
Bielefeld unter Leitung der Kantorin
Dorothea Schenk bringt erstmals die
neuen Motettensätze M. Schlenkers zu
Texten Jochen Kleppers in nachhaltig
beeindruckender Weise zu Gehör.
Unser Klagen wird zum Loben – diese
geistliche Botschaft des Liederdichters
vor dem dunklen politischen Horizont
seiner Zeit drückt sich in den

eindringlichen
Sätzen des
Komponisten in
unverstellter Klar-
heit aus. Ein ge-
sprochenes
Lebensbild des
Dichters von damals – die musikalische
Expressivität der Motetten von heute:
beide interpretieren einander auf hoch-
interessante Weise. Dazu im Booklet
der CD alle Texte Jochen Kleppers und
eine Kurzbiographie:
ein Hörerlebnis bester Art.

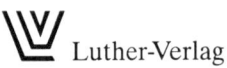 Luther-Verlag

Postfach 14 03 80
33623 Bielefeld
Cansteinstraße 1
33647 Bielefeld

E-Mail: vertrieb@luther-verlag.de
www.luther-verlag.deTelefon
(05 21) 94 40-137
Telefax   (05 21) 94 40-136